商标审查案例分析选编200例

(2023)

济南商标审查协作中心　编著

山东大学出版社
SHANDONG UNIVERSITY PRESS
·济南·

图书在版编目(CIP)数据

商标审查案例分析选编200例.2023 / 济南商标审查协作中心编著.—济南:山东大学出版社,2023.8

ISBN 978-7-5607-7901-0

Ⅰ. ①商… Ⅱ. ①济… Ⅲ. ①商标法—案例—中国 Ⅳ. ①D923.435

中国版本图书馆CIP数据核字(2023)第161121号

策划编辑　武迎新
责任编辑　武迎新
封面设计　王秋忆

商标审查案例分析选编200例(2023)
SHANGBIAO SHENCHA ANLI FENXI XUANBIAN ERBAILI(2023)

出版发行　山东大学出版社
社　　址　山东省济南市山大南路20号
邮政编码　250100
发行热线　(0531)88363008
经　　销　新华书店
印　　刷　山东星海彩印有限公司
规　　格　720毫米×1000毫米　1/16
　　　　　11.5印张　132千字
版　　次　2023年8月第1版
印　　次　2023年8月第1次印刷
定　　价　76.00元

《商标审查案例分析选编200例(2023)》

编委会

前言

党的二十大报告指出:“高质量发展是全面建设社会主义现代化国家的首要任务。”知识产权是高质量发展的重要引擎。商标作为知识产权的重要组成部分,随着知识经济的发展和信息技术的不断进步,在市场经济中的地位和作用更加凸显,已成为市场主体打造核心竞争力的重要战略性资源,强化商标全链条保护效能是推动我国知识产权事业高质量发展的题中应有之义。

我国拥有超大规模的消费市场与大量的市场主体,商标注册与使用需求旺盛。截至2022年底,我国有效注册商标已达4267.2万件,同比增长14.6%。其中,2022年商标注册申请量为751.6万件,注册审查签发量中初步审定占52.0%,部分驳回占14.4%,驳回占33.6%,驳回商标在申请总量中占据较高比例,提高商标注册成功率已成为申请人的迫切需求。

济南商标审查协作中心(以下简称“济南中心”)作为国家知识产权局商标局在全国设立的五个商标审查协作中心之一,受国家知识产权局商标局委托,开展商标审查辅助工作,自2018年9月挂牌运行以来，累计完成商标注册实质审查680余万件。为更好地引导商标申请人合法、合理、高效地进行商标注册申请，助推地方经济高质量发展，加快推进知识产权强国建设，济南中心组织十余位具有丰富商标审查经验的业务骨干与专家，历时半年倾力编写此书。

本书坚持以习近平总书记对知识产权工作的重要指示为理论指导，以商标审查审理工作的实践经验为依托，严格依据《中华人民共和国商标法》《中华人民共和国商标法实施条例》中的相关规定，聚焦不以使用为目的的恶意商标注册申请、不得作为商标标志的审查审理、缺乏显著特征商标的审查审理等常见的商标注册申请情形，从济南中心近五年审查审理工作中精心选取200件具有较强代表性与针对性的疑难商标，逐一分析，以期对众多市场主体的商标注册申请行为提供指导与帮助。

本书涉及面广，内容较多，由于水平、时间所限，难免有疏漏和不足之处，敬请广大读者谅解并给予批评指正。今后，我们也将赓续前行，精益求精，扬长避短，继续努力为读者奉献水平更高、质量更好的知识产权读物。

编　者

2023年7月

目　录

第一章　综述

一、商标工作管理机关

我国商标工作实行集中统一注册、分级管理原则，这是由市场经济与商标自身的特点所决定的。

2018年3月，根据第十三届全国人民代表大会第一次会议批准的《国务院机构改革方案》，原国务院工商行政管理的职能归入新组建的国家市场监督管理总局，商标局与商标评审委员会的职能归入重新组建的国家知识产权局，其后涉及商标注册、复审、无效、撤销等的决定，均由国家知识产权局统一作出。假冒商标等侵权行为的行政执法，则由各级市场监管部门负责。

2019年2月，国家知识产权局发布公告称，机构调整后，商标审查工作将以国家知识产权局的名义开展，原国家工商行政管理总局商标局、商标评审委员会、商标审查协作中心机构名称不再使用。即：原国家工商行政管理总局商标局、商标评审委员会、商标审查协作中心整合为国家知识产权局商标局（以下简称"商标局"）。

2023年3月，党的二十届二中全会通过了《党和国家机构改革方案》，完善知识产权管理体制，将国家知识产权局由国家市场监督管理总局管理的国家局调整为国务院直属机构。商标、专利等领域执法职责继续由市场监管综合执法队伍承担，相关执法工作接受国家知识产权局专业指导。

综上所述，本书引用法律法规条文中的原国家工商行政管理总局商标局和商标评审委员会均指国家知识产权局，或统称为“商标注册部门”。

相关工作部门具体职责如下：

（一）国家市场监督管理总局

国家市场监督管理总局是国务院直属机构，负责监督管理市场秩序，组织指导查处不正当竞争、侵犯商标知识产权和制售假冒伪劣商品等行为。

（二）国家知识产权局

国家知识产权局是国务院直属机构，负责管理商标局，其与商标工作有关的职责包括：一是负责拟定和组织实施国家知识产权战略；二是负责保护知识产权，包括拟定严格保护含商标在内的知识产权制度并组织实施，指导商标执法工作，指导地方知识产权争议处理、维权援助和纠纷调处；三是负责促进知识产权运用；四是负责商标等知识产权的审查注册登记和行政裁决；五是负责建立知识产权公共服务体系，推动商标、专利等知识产权信息的传播利用；六是负责统筹协调涉外知识产权事宜。

（三）商标局

商标局是国家知识产权局所属事业单位，主管全国商标注册和管理工作，主要职责包括：承担商标审查注册、行政裁决等具体工作；参与商标法及其实施条例、规章、规范性文件的研究制定；参与规范商标注册行为；参与商标领域政策研究；参与商标信息化建设、商标信息研究分析和传播利用工作；承担对商标审查协作单位的业务指导工作；

组织商标审查队伍的教育和培训；完成国家知识产权局交办的其他事项。

（四）地方知识产权管理部门

各省、市、县级知识产权管理部门分级管理各自辖区内的商标工作，主要负责对本辖区内注册商标和未注册商标使用行为的监督管理，依职权或依投诉查处商标侵权行为。

（五）其他知识产权保护管理部门

其他知识产权保护管理部门是指公安部门、检察院、法院、海关部门等。其中，公安部门负责对涉嫌构成假冒注册商标犯罪案件的立案侦查工作；检察院负责商标侵权刑事案件的审查批捕、起诉等工作；法院负责与商标有关的行政、民事、刑事案件审判工作；海关部门依职权对进出口侵犯商标权货物进行查处，可以根据商标权人申请对商标进行备案，扣留涉嫌侵权的进出口货物。

二、商标审查类型

商标审查是商标注册部门对商标注册申请是否符合《商标法》的规定所进行的一系列活动。对申请注册的商标是初步审定、予以公告还是驳回申请、不予公告，是核准注册还是不予注册，都要经过商标注册部门的审查后确定。商标审查是决定是否授予商标专用权的关键。

（一）商标注册形式审查

收到商标申请后，经形式审查认为符合《商标法》及其实施条例要求的，予以受理。形式审查是接收商标申请之后，受理商标申请之前的一个必要程序。

形式审查的主要任务是：

1.审查申请人提交的申请文件是否符合《商标法》及其实施条例的规定，申请手续是否齐备，申请人是否具备申请资格。

发现申请手续不齐备、未按规定填写申请文件的，商标注册部门不予受理，书面通知申请人并说明理由。发现申请手续基本齐备或者申请文件基本符合规定，但是需要补正的，商标注册部门书面通知申请人予以补正。申请人在规定期限内按照指定内容补正并交回商标注册部门的，保留申请日期。期满未补正的或者未按照要求进行补正的，不予受理并书面通知申请人。

2.审查申请人缴纳有关费用的金额和期限是否符合《商标法》及其实施条例的规定。未在规定期限内足额缴纳费用的，不予受理并书面通知申请人。

3.审查异议、评审、续展等相关申请是否在法定期限内提交。未在法定期限内提交的，不予受理并书面通知申请人。

（二）商标注册实质审查

商标注册实质审查工作负责审查商标注册申请是否存在法律禁止使用的情形，是否具备商标显著特征、三维标志商标是否具备功能性，与他人在先申请或者注册的商标权利是否冲突，同时负责对不以使用为目的的恶意商标注册申请，商标代理机构超出代理服务范围的商标注册申请予以驳回。主要适用《商标法》第四条、第十条、第十一条、第十二条、第十六条第一款、第十九条第四款、第三十条、第三十一条、第五十条的规定。

《商标法》第十三条、第十五条、第三十二条旨在贯彻诚实信用原则，加大对驰名商标、在先使用未注册商标以及他人现有在先权利的保护，以弥补严格注册制之不足。根据私权自治和处分原则，由在先权利人或者利害关系人在异议、不予注册复审、请求无效宣告程序中，依法向商标注册部门提出申请，有明确的请求、事实、理由和法律依据，并提供相应证据。商标注册实质审查不适用《商标法》第十三条、第十五条、第三十二条的规定。

（三）商标异议审查

商标异议是适格主体在法定期限内对商标注册申请人经商标注册部门初步审定并刊登公告的商标提出不同意见，商标注册部门调查核实后依法作出决定的制度。

《商标法》第三十三条规定，对初步审定公告的商标，自公告之日起 3 个月内，在先权利人、利害关系人认为违反本法第十三条第二款和第三款、第十五条、第十六条第一款、第三十条、第三十一条、第三十二条规定的，或者任何人认为违反该法第四条、第十条、第十一条、第十二条、第十九条第四款规定的，可以向商标注册部门提出异议。

商标异议审查按照上述条款确定审查审理范围，根据异议人提出的异议理由和事实、被异议人的答辩理由和事实，对被异议商标作出准予注册或不予注册的决定。

（四）注册商标撤销审查

商标注册人自行改变注册商标或者有关注册事项且不改正的，由商标注册部门撤销该注册商标。

注册商标成为其核定使用的商品通用名称或者没有正当理由连续 3 年不使用的，任何单位或者个人都可以申请撤销该注册商标，商标注册部门依法予以审查并作出决定。

（五）注册商标转让审查

转让注册商标，商标注册人对其在同一种或者类似商品上注册的相同或者近似的商标未一并转让的，由商标注册部门通知其限期改正；期满未改正的，视为放弃该转让注册商标的申请。对容易导致混淆或者有其他不良影响的转让，商标注册部门不予核准。

三、商标申请被拒绝注册的理由

《商标法》关于拒绝注册的理由，按照其性质不同，可分为绝对理由和相对理由两类。区分绝对理由和相对理由，对区分法律适用情形、相关程序、请求人主体资格、请求时效以及审查审理范围有重要意义。

（一）绝对理由

绝对理由涉及违反《商标法》上的显著性、非功能性以及公共利益，不考虑对特定权利人的影响，具有绝对性，一般属于商标注册部门依职权主动审理的范围。包括《商标法》第四条规定的不以使用为目的的恶意商标注册申请，第十条规定的不得作为商标使用的标志，第十一条规定的缺乏显著特征不得作为商标注册的标志，第十二条规定的具有功能性不得注册的三维标志，第十九条第四款规定的商标代理机构不得申请注册其代理服务以外的商标，第四十四条规定的以欺骗手段或者其他不正当手段取得注册的商标等。

（二）相对理由

相对理由涉及损害他人的在先商标权利、他人现有的其他在先权利等，损害的是特定主体的合法权益，具有相对性。除注册审查程序依职权将他人在先商标权利作为驳回事由外，商标注册部门一般不能依职权主动审理相对理由，仅在异议或评审程序中依当事人申请进行审查审理。包括《商标法》第十三条规定的他人的驰名商标，第十五条规定的被代理人、被代表人商标或其他特定关系人的商标，第十六条第一款规定的他人的地理标志，第三十条规定的他人已经注册的或者初步审定的商标，第三十一条规定的他人注册申请在先的商标，第三十二条规定的他人现有的在先权利和已经使用并有一定影响的商标等。

第二章　基本概念

在我们分析商标审核具体案例之前，有必要厘清一些基本概念。

一、商标的基本概念

“商标”包括商品商标和服务商标两类，是指能够用以识别和区分商品或者服务来源的标志，包括文字、图形、字母、数字、三维标志、颜色组合、声音或者其他要素以及上述要素的组合，可以依法作为商标申请注册。

二、商标的注册与使用

“商标注册”是指商标使用人将其使用的商标依照法律规定的条件和程序，向国务院知识产权行政部门（国家知识产权局商标局）提出注册申请，经国家商标主管机关依法审查，准予注册登记的法律事实。

“商标使用”是指将商标用于商品、商品包装或者容器以及商品交易文书上，或者将商标用于广告宣传、展览以及其他商业活动中，用以识别商品来源的行为。

三、商标注册申请形式审查

“商标注册申请形式审查”是指国家知识产权局商标局在商标注册申请正式受理之前，对商标注册申请的形式要件的合法性进行审核的行为。主要是对以下内容进行审核：申请主体是否适格，申请书是否符合法律规定，商标及商标图样的规格、数量是否符合要求，提交的证明文件是否完整，是否缴纳注册费，商标的申请日期、编定申请号以及商标注册形式审查的其他内容。

四、商标注册申请实质审查

“商标注册申请实质审查”是指对商标注册申请是否存在法律禁止使用的情形、是否具备商标的显著特征、三维标志商标是否具备功能性、与他人在先申请或者注册的商标权利是否冲突进行审查，同时，对不以使用为目的的恶意商标注册申请、商标代理机构超出代理服务范围的商标注册申请予以驳回。

五、不以使用为目的的恶意商标注册申请

“不以使用为目的”是指商标申请人或者商标代理机构在申请商标注册或者办理其他商标事宜时，不以使用为目的，而以牟取不正当利益为目的，违背诚实信用原则，扰乱商标注册秩序以及违反商业道德或行业惯例等行为。

“恶意”是指商标申请人或者商标代理机构在申请商标注册或者办理其他商标事宜时，通过一定行为表现出来的，明显违背诚实信用原则，明知或者应知其行为违反法律规定、有碍公序良俗、损害公共利益或侵犯他人权利，但为了牟取不正当利益，仍然实施相应行为，并追求或者放任其后果发生的主观心理状态。

六、商标的显著特征

“商标的显著性”是指商标应当具备的足以使相关公众区分商品或者服务来源的特征，具体来讲，是指商标能够使消费者识别、记忆进而发挥指示商品或者服务来源的功能与作用。

七、商标的相同、近似等

“商标相同”是指两商标在视觉效果上或者声音商标在听觉感知上完全相同或基本无差别。

“商标近似”是指文字、图形、字母、数字、三维标志、颜色组合和声音等商标的构成要件在发音、视觉、含义或排列顺序等方面虽有一定区别，但整体差异不大，使用在同一种或者类似商品或者服务上易使相关公众对商品或者服务的来源产生混淆。

“同一种商品”是指名称相同的商品，或者名称不同但在功能、用途、主要原料、生产部门、销售渠道、消费对象等方面相同或者基本相同，相关公众一般认为是同一事物的商品。

“同一种服务”是指名称相同的服务，或者名称不同但在服务的目的、内容、方式、对象、场所等方面相同或者基本相同，相关公众一般认为是同一方式的服务。

“类似商品”是指在功能、用途、生产部门、销售渠道、消费对象等方面相同或有密切联系的商品。

“类似服务”是指在服务的目的、内容、方式、对象等方面相同或有密切联系的服务。

“混淆”通常是指使用在同种或类似商品或者服务上的商标，因为二者相同或者近似，使相关公众对商品或者服务的来源产生误认。

八、集体商标、证明商标与地理标志

“集体商标”是指以行业协会或者其他社会团体、非法人组织名义注册，供该组织成员在商事活动中使用，以表明使用者在该组织中的成员资格的标志。

“证明商标”是指由对某种商品或者服务具有监督能力的组织所控制，而由该组织以外的单位或者个人使用于其商品或者服务，用以证明该商品或者服务的原产地、原料、制造方法、质量或者其他特定品质的标志。

“地理标志”是指标示某商品来源于某地区，该商品的特定质量、信誉或者其他特征主要由该地区的自然因素或者人文因素所决定的标志。

九、商标申请注册及后续流程中所涉及的概念

“初步审定商标公告”是指商标局经过审查，认为商标注册申请符合《商标法》规定，商标局将初步审定商标的有关内容在《商标公告》上公示的行为。

“商标异议审查”是指自然人、法人或者其他组织在法定异议期限内对商标注册申请人经商标注册部门初步审定并刊登公告的商标提出不同意见，请求商标注册部门不予注册，商标注册部门调查核实后依法作出准予注册、不予注册、部分商品（服务）不予注册决定的制度。

“商标评审”是指依照《商标法》第三十四条、第三十五条、第四十四条、第四十五条、第五十四条的规定审理有关商标争议事宜，在驳回复审、不予注册复审、请求无效宣告、依职权宣告无效复审、撤销注册商标复审案件中，根据事实，依法进行评审。

“商标无效宣告”是指已经注册的商标违反《商标法》第十条、第十一条、第十二条规定的，或者是以欺骗手段或者其他不正当手段取得

注册的，由商标局宣告该注册商标无效，其他单位或者个人可以请求商标评审委员会宣告该注册商标无效的制度。

“商标变更”是指变更商标注册人的名称、地址、代理公司，删减商品。商标变更只是变更相关事项，商标专用权不发生转移。

“商标转让”是指将商标的专用权由一个主体转移到另一个主体。转让注册商标的，转让人和受让人应当签订转让协议，并共同向商标局提出申请。

“商标续展”是指注册商标所有人在商标注册有效期满前 12 个月内，依法办理一定的手续，延长其注册商标有效期的制度。

“注册商标注销”包括经申请注销和商标局主动注销两种，指商标注册人不使用注册商标而向商标局提出注销申请，或者注册商标有效期满，商标注册人未提出续展申请的，商标局根据申请或者法律规定，将注册商标注销或部分注销的法律程序。

第三章　不以使用为目的的恶意商标注册申请的案例

一、法律依据

《商标法》

第四条第一款　自然人、法人或者其他组织在生产经营活动中，对其商品或者服务需要取得商标专用权的，应当向商标局申请商标注册。不以使用为目的的恶意商标注册申请，应当予以驳回。

《规范商标申请注册行为若干规定》

第三条　申请商标注册应当遵循诚实信用原则。不得有下列行为：

（一）属于商标法第四条规定的不以使用为目的恶意申请商标注册的；

……

第五条　对申请注册的商标，商标注册部门发现属于违反商标法第四条规定的不以使用为目的的恶意商标注册申请，应当依法驳回，不予公告。

具体审查规程由商标注册部门根据商标法和商标法实施条例另行制定。

第八条　商标注册部门在判断商标注册申请是否属于违反商标法第四条规定时，可以综合考虑以下因素：

（一）申请人或者与其存在关联关系的自然人、法人、其他组织申请注册商标数量、指定使用的类别、商标交易情况等；

（二）申请人所在行业、经营状况等；

（三）申请人被已生效的行政决定或者裁定、司法判决认定曾从事商标恶意注册行为、侵犯他人注册商标专用权行为的情况；

（四）申请注册的商标与他人有一定知名度的商标相同或者近似的情况；

（五）申请注册的商标与知名人物姓名、企业字号、企业名称简称或者其他商业标识等相同或者近似的情况；

（六）商标注册部门认为应当考虑的其他因素。

二、法律释义

2019 年 4 月 23 日，第十三届全国人民代表大会常务委员会决定对《商标法》作出修改，在第四条第一款中增加了“不以使用为目的的恶意商标注册申请，应当予以驳回”的规定。新增条款旨在坚决遏制“不以使用为目的”的恶意商标注册申请行为，坚决打击囤积商标的注册申请行为，有效规范商标申请注册秩序。第四条的立法意图在于规制“不以使用为目的”的恶意申请、囤积注册等行为和增强注册申请人的使用义务。该条款增加了《商标法》中规制不以使用为目的的恶意商标注册申请的内容，从源头上制止不以使用为目的的恶意商标注册申请行为，使商标申请注册回归以使用为目的的制度本源。

《商标法》第四条所规定的“不以使用为目的的恶意商标注册申请”是指申请人并非基于生产经营活动的需要而提交大量商标注册申

请，缺乏真实使用意图，不正当占用商标资源，扰乱商标注册秩序的行为。仅损害特定主体的民事权益，不涉及损害公共利益的，不属于该条规定情形。如属于《商标法》其他条款规制的恶意注册情形，适用其他条款。

判断是否构成“不以使用为目的的恶意”，应综合考虑申请人所在的行业特点、经营范围、经营资质等基本情况，申请人提交的商标注册申请的数量、类别跨度和时间跨度等整体情况，提交的商标注册申请标志的具体构成、商标实际使用情况，以及申请人在先是否存在商标恶意注册及侵犯多个主体注册商标专用权等多方面因素，综合判断其申请是否明显不符合商业惯例、明显超出正当经营需要和实际经营能力以及明显具有牟取不正当利益和扰乱正常商标注册秩序的意图。

三、案例分析

（一）商标注册申请数量巨大，明显超出正常经营活动需求，缺乏真实使用意图，扰乱商标注册秩序的

【案例 1】某公司累计在 45 个类别上申请了 700 余件商标，部分已核准注册。2022 年，该公司商标注册申请的 100 余件商标在注册审查程序中依据《商标法》第四条被驳回。随后申请人在两个月时间内又陆续申请了 10 余件商标，商标注册部门通过审查意见书程序要求申请人就申请注册商标的意图及使用情况作出说明并提供必要证据。申请人辩称是为拓展市场、开发新产品，该公司在发展过程中针对不同的区域产品和地域文化特色使用了不同的产品名称，并提供了部分商标的具体使用情况和使用意图。

经查，申请人提交的营业执照显示，其经营范围包括：“技术进出口；会议及展览服务；农业技术开发服务；食品科学技术研究服务；信息电子技术服务；商品批发贸易（许可审批类商品除外）；货物进出口

（专营专控商品除外）；茶叶作物及饮料作物批发；向游客提供旅游、交通、住宿、餐饮等代理服务（不涉及旅行社业务）；陶瓷、玻璃器皿批发；策划创意服务；预包装食品零售；预包装食品批发。”申请人该次申请类别虽然在其营业范围内，但没法提供有效证据证明其已实际作出使用准备，部分申请的商标不具备可作为商标注册的显著特征，且申请人在之前数月内大量申请商标注册，明显超出正常经营活动需要，已被认定为恶意。申请人无法对新提交的商标注册申请行为作出合理说明且未提供必要证据，故其上述商标注册申请行为构成《商标法》第四条所指的“不以使用为目的的恶意商标注册申请”之情形。

【案例 2】某公司在第 5 类、第 9 类、第 16 类、第 21 类、第 25 类、第 33 类、第 35 类、第 39 类、第 40 类、第 43 类等 13 个类别上累计提交近 300 件商标注册申请。

经查，该公司为自然人独资的有限责任公司，在 13 个类别上提交数量巨大的商标注册申请，其中 2022 年，在 33 类与酒相关商品上提交了将近 100 件商标注册申请，并且一系列商标大多数与“遵义”相关，其中不乏“遵羲”“遵义美酒”“遵红旗”等，申请的图形商标中还涉及遵义会议会址图片、红旗车标等。商标注册部门通过审查意见书程序，要求申请人在法定期限内就申请注册商标的意图及使用情况作出说明或者修正并提供必要证据，但申请人未按要求在法律规定期限内就实际使用情况或者真实使用意图作出说明，并且该申请人提交商标申请注册数量巨大且合理性难以解释，明显超出正常经营活动需求，缺乏真实使用意图，因此认定其行为构成《商标法》第四条所指的“不以使用为目的的恶意商标注册申请”。

（二）大量复制、模仿、抄袭多个主体在先具有一定知名度或者较强显著性的商标，扰乱商标注册秩序的

【案例 3】某公司在第 14 类、第 18 类、第 24 类、第 25 类商品上提

交了100余件商标注册申请，其中大部分为“鸿星冠军”“冠军尔克”“SUPERAIDAD 超级阿迪阿递”“GHAMPIONJIE”“GHAMPIONLONG”“冠军潮男 GHAMPIONCHAONA”“CHAEL & KROS”“LEEKVAE”“LV”等。

经查，该申请人的商标注册申请大部分以变形、拆分重组等方式复制、模仿、抄袭多个主体在先具有一定知名度或者较强显著性的商标，如“鸿星尔克”“ADIDAS”“CHAMPION”“CHARLES & KEITH”“LEE”“LV”等，且指定类别与他人在先具有一定知名度或者显著性较强的商标核定商品或者服务类别基本相同或相关。这种在类似及关联性较强的商品或者服务类别上复制、模仿、抄袭多个主体在先具有一定知名度、较强显著性的商标的行为，明显具有牟取不正当利益、扰乱正常商标注册秩序的意图，因此，已构成《商标法》第四条所指的“不以使用为目的的恶意商标注册申请”之情形。

【案例 4】某自然人在第 11 类、第 12 类商品上提交了多件商标注册申请，其中大部分为“丰售田后”“本售田后”“理售想后”“路售虎后”“大售众后”“奥售迪后”等形式的商标。

经查，该申请人提交的商标注册申请指定类别大多与汽车相关，且商标注册申请均为变形组合且完整包含“本田”“丰田”“路虎”“奥迪”“大众”“理想”等具有较高知名度和较强显著性的汽车品牌商标，指定类别与他人在先具有一定知名度或者显著性较强的商标核定商品或者服务类别基本相同或相关。这种在类似及关联性较强的商品或者服务类别上复制、模仿、抄袭多个主体在先具有一定知名度、较强显著性的商标的行为，明显具有牟取不正当利益、扰乱正常商标注册秩序的意图，已构成《商标法》第四条所指的“不以使用为目的的恶意商标注册申请”之情形。

【案例 5】某自然人在第 1 类、第 9 类、第 10 类、第 11 类、第 12 类、第 14 类、第 16 类、第 25 类、第 43 类等多个商品或者服务项目上共申请了180余件商标。

经查，申请人提交的商标注册申请大多数与他人在先具有一定知名度或者较强显著性的商标相同或者近似商标，如“TIFFANY & CO.”“LOUIS VUITTON”“GUCCI”“花王”“戴森”“五菱宏光”等文字商标和香奈儿、LV等图形商标。该申请人为自然人，注册多件商标的行为明显超出了正常的商业经营需要，且在相关商品或服务项目上与他人具有一定知名度的商标完全相同，具有明显恶意，因此，该申请行为已构成《商标法》第四条所指的“不以使用为目的的恶意商标注册申请”之情形。

（三）对同一主体具有一定知名度或者较强显著性的特定商标反复申请注册，扰乱商标注册秩序的

【案例6】某公司在多个类别上反复申请注册多个含“伏羲易”的商标，且在先的大多被提起异议或无效宣告已删除。

经查，本案申请商标“伏羲易时代”与同一主体在先注册且具有一定显著性的“伏羲易传承”“伏羲易智库”“世代伏羲易”等主体部分相同，构成近似商标。该公司本批次申请的10多件商标，除申请“伏羲易时代”商标外，还反复在第35类、第41类等类别上申请与同一主体在先申请注册的“伏羲易”“伏羲易天下”等文字相同的商标。经调查，在该公司申请注册的“伏羲易智库”商标异议案例中，部分商标已被相关权利人提出异议，多件商标在无效宣告程序中被宣告无效，被异议人对其商标申请注册行为及商标设计创作来源亦未作出合理解释，被异议人还先后在多个商品和服务类别上申请注册了1200余件商标，其中包括多件与他人在先具有一定显著性和知名度商标相同或者近似的商标。综上，该公司申请本案商标的行为是针对同一主体具有一定知名度或者较强显著性的特定商标反复申请注册，扰乱了正常的商标注册秩序，属于不以使用为目的的恶意商标注册申请行为。因此，

该行为已构成《商标法》第四条所指的“不以使用为目的的恶意商标注册申请”之情形。

【案例7】某公司在10多个类别上累计提交商标申请40件。

经查，该申请人在近六年间反复提交申请与某公司高度近似的图形商标（如图3-1所示），其中大部分已被提出无效宣告或商标异议，且在无效宣告程序中该申请人既未提供证据证明其有使用商标的真实意图，也未能提供其商标的合理出处，其大量注册的行为明显超出了正常的生产经营需要，该商标已被宣告无效。之后又在2021年提交了与之高度近似的图形商标。该申请人申请本案商标的行为是针对同一主体具有一定知名度或者较强显著性的特定商标反复申请注册，扰乱了正常的商标注册秩序的行为，因此，已构成《商标法》第四条所指的“不以使用为目的的恶意商标注册申请”之情形。

图3-1　图形商标

（四）大量申请注册与他人企业字号、企业名称简称、电商名称、域名，有一定影响的商品名称、包装、装潢，他人知名并已产生识别性的广告语、外观设计等商业标识相同或者近似标志的

【案例8】某自然人陆续提交“大润发发到家”“发到家大润发”“世纪发到家”“盛世大润发”等几十件商标注册申请，指定使用在第13类、第14类、第16类等商品类别上。

经查，15件商标包含“润发”，11件商标包含“发到家”。“大润发”和“发到家”均为全国知名连锁超市旗下品牌，且在第35类“大润发”为驰名商标。商标注册部门通过审查意见书程序要求申请人就申请注册商标意图及使用情况作出说明并提供相应证据，申请人在法定期限内并未回复有效的使用证据和使用意图。

该申请人短时间内提交多件商标注册申请，大多完整包含知名超市品牌名称或与超市名称近似，且申请人未就申请意图作出合理解释。该申请人大量申请注册与他人企业字号相同或者近似标志作为商标的行为，已构成《商标法》第四条所指的“不以使用为目的的恶意商标注册申请”之情形。

【案例 9】某自然人陆续提交了“海誉腾”“COOLIDEA”“天使雅儿”“艾丽卡尔 ALI-CARR”“澳世奇”“圣思娜”“之前之后 BEFORE AFTER”“羽维莎”“陌朵”“棉古手工”等 30 余件商标注册申请，指定使用在第 3 类、第 9 类、第 10 类、第 14 类、第 18 类、第 20 类、第 24 类、第 28 类、第 35 类和第 44 类商品和服务项目上。

经查，其中 28 件为淘宝天猫店铺名称及他人企业字号。商标注册部门通过审查意见书程序要求申请人就申请注册商标意图及使用情况作出说明并提供相应证据，申请人未在法定期限内予以回复。该申请人短时间内提交多件商标注册申请，大多数与多家淘宝天猫店铺名称相同或者近似，指定的商品类别也与淘宝天猫店铺主要经营商品相同，申请人在相关类别上申请相同商标难谓巧合，且申请人未就申请意图作出合理解释，该申请人大量申请注册与他人电商名称相同或者近似标志作为商标的行为，已构成《商标法》第四条所指的“不以使用为目的的恶意商标注册申请”之情形。

（五）大量申请注册与知名人物姓名、知名作品或者角色名称、他人知名并已产生识别性的美术作品等公共文化资源相同或者近似标志的

【案例 10】某自然人提交了“图形”等 10 余件商标注册申请，其中 7 件为与著名功夫影星、武术名家李小龙形象近似的图形。

经查，该申请人在先大量申请注册具有一定知名度的历史人物画像、神话人物画像的行为已被认定过恶意，且该批次申请的其他商标

也过于复杂，缺乏作为商标的显著性。因此，该申请人申请注册与具有一定知名度的历史人物形象近似的图形及带有民族特色的复杂图样作为商标的行为，属于“不以使用为目的的恶意商标注册申请”，适用《商标法》第四条第一款予以驳回。

【案例 11】某公司 2021 年提交了“西游记”“西游记智慧”“西游记美猴王”“紫霞仙子”“西游记·牛魔王”“西游记高老庄”“水帘洞”“圣唐”等 70 余件商标注册申请，指定类别有第 11 类、第 16 类、第 29 类、第 30 类、第 35 类、第 43 类、第 45 类等。

经查，“西游记”“美猴王”“紫霞仙子”“牛魔王”“高老庄”“水帘洞”“圣唐”等均为我国文学名著《西游记》中的角色名称或活动地点，该申请人提交的商标大部分与文学名著《西游记》中出现的角色名称、活动地点相关，商标注册部门通过审查意见书程序要求申请人就申请注册商标意图及使用情况作出说明并提供相应证据，申请人未在法定期限内回复。并且该申请人累计申请商标 2362 件，其中有 1200 余件商标未缴费被不予受理，申请人申请上述商标有明显恶意且未提交其实际使用上述商标的证据。因此，申请人申请多件与文学名著中角色名称、活动地点相同的商标已构成《商标法》第四条所指的“不以使用为目的的恶意商标注册申请”之情形。

（六）大量申请注册与行政区划名称、山川名称、景点名称、建筑物名称等相同或者近似标志的

【案例 12】某公司提交了 40 余件商标注册申请，其中大部分为“行政区划简称＋鹊”的形式，如“浙鹊”“苏鹊”“广鹊”“沪鹊”“皖鹊”“桂鹊”“陕鹊”“滇鹊”“蒙鹊”“豫鹊”“鄂鹊”“赣鹊”“黑鹊”“吉鹊”“晋鹊”“琼鹊”“川鹊”“藏鹊”“冀鹊”“渝鹊”“湘鹊”“津鹊”“辽鹊”“港鹊”等。

经查，该公司为自然人投资或控股法人有限责任公司，经营范围为建设工程设计、电视剧制作、餐饮服务、技术服务、技术开发、软件开

发、软件销售等。该申请人短期内大量提交“行政区划简称＋鹊”作为商标注册申请，明显超过正常经营活动需要，且未就上述商标注册申请的使用意图作出合理解释。地名、行政区划简称为公共资源，不宜由一家企业大量注册为商标进行独占。这种大量提交地名、行政区划简称等公共资源作为商标的行为，具有不正当囤积公共资源的意图，构成《商标法》第四条所指的“不以使用为目的的恶意商标注册申请”之情形。

【案例 13】某单位在 40 多个类别上提交 130 多件商标注册申请，其中“三块石”“二郎剑”“沙岛”“布哈河”大多为青海湖河流、景区名称。

经查，该单位经营范围是“为‘三无’人员提供安置、收养服务；安置、教育无家可归、无依无靠、无业游民”。申请人在回文证据中表明是为加强青海湖公共品牌和商标资源保护工作，提升青海湖品牌形象。本批次对青海旅游景点的注册是为了对青海湖公共品牌资源进行统一管理和保护。但是地名和景点名称为公共资源，不宜由一家进行独占。这种大量提交河流、景区名称等公共资源作为商标的行为，明显超出正常经营活动需要，构成《商标法》第四条所指的“不以使用为目的的恶意商标注册申请”之情形。

（七）大量申请注册指定商品或者服务上的通用名称、行业术语、直接表示商品或者服务的质量、主要原料、功能、用途、重量、数量等缺乏显著性的标志的

【案例 14】某公司申请的几十件商标，大多为区块链技术领域有一定知名度的热词，如“PROXIMAX”“STAKING”“NEFMARKET”，指定使用在第 9 类、第 36 类、第 38 类、第 42 类等几个较为集中的商品和服务类别上。申请人未就上述商标注册申请的使用意图作出合理解释。

经查，该公司注册资本1000万元，经营范围为："计算机软硬件、信息系统软件的技术开发、销售；信息系统的设计、集成、维护；通信设备、电子产品、智能软件、智能硬件的销售；企业管理咨询；数据库服务；数据库管理；经营电子商务；国内贸易；经营进出口业务。"该申请人申请商标中的"CHAINSWAP"是主要用于智能链直接的跨链，"SOLIDITY"是一门面向合约的为实现智能合约而创建的高级编程语言，"DERISWAP"是一种现货、期货、期权、借贷的高效解决方案，均为行业特定术语或该领域具有一些知名度的词汇。且该申请人还恶意抢注腾讯公司的"全真互联网"商标。申请人未就大量提交指定商品或服务项目上的行业术语或网络热词作出合理说明，已构成《商标法》第四条所指的"不以使用为目的的恶意商标注册申请"之情形。

（八）大量提交商标注册申请，并大量转让商标，且受让人较为分散，扰乱商标注册秩序的

【案例15】某公司累计提交了530余件商标注册申请，其中224件商标注册申请已转让给他人，受让人多达220人。

该申请人在大量提交商标注册申请的同时大量转让商标，且受让人较为分散，可以推断出申请人申请并非以使用为目的，而是为了售卖商标牟取不当利益，明显缺乏真实使用意图，扰乱了正常的商标注册秩序，已构成《商标法》第四条所指的"不以使用为目的的恶意商标注册申请"之情形。

（九）其他可被认定为有恶意的申请商标注册行为的情形

【案例16】甲市A公司在3个类别上集中申请涉及误认和不良条款的商标，例如"东北米大""东北大米""市国"等。商标注册部门在审查该申请人提交的商标注册申请时，发现该公司与甲市B企业管理有限公司、甲市C珠宝有限公司、乙市D农副产品经营有限公司、丙市E网络科技有限公司等14家申请人，其法人和股东等主要成员存在交

叉关系，且多数启用同一家代理机构申请商标。该公司及其关联主体短时间内大量提交商标注册申请，且申请的商标类型相似，大多需要用绝对条款驳回。商标注册部门就上述存在特定关系的主体处在审查流程中的全部商标注册申请发出审查意见书，但是申请人并未在法定期限内提供有效使用证据。

该申请人及其关联主体短期内大量提交商标注册申请，明显超出正常经营活动需要，且未作出合理说明和提供有效使用证据，属于“不以使用为目的的恶意商标注册申请”之情形。

【案例 17】某公司陆续提交了 80 余件商标注册申请，其中部分商标是经转让获得的。商标注册部门在审查该申请人提交的商标注册申请时，发现该申请人在先申请商标大多数被提起异议和无效宣告。经进一步核实，包括该申请人在内的多家申请人，其法人和股东等主要成员存在交叉关系，且均启用同一家代理机构申请商标，累计申请 1713 件。

该申请人及与其存在特定关系的主体短期内提交了大量商标注册申请，明显超出正常经营活动需要。申请人对上述商标申请行为所提供证据不足以证明商标申请的有效性，故其申请已构成《商标法》第四条所指的“不以使用为目的的恶意商标注册申请”之情形。

第四章　不得作为商标标志的案例

一、法律依据

《商标法》

第十条　下列标志不得作为商标使用：

（一）同中华人民共和国的国家名称、国旗、国徽、国歌、军旗、军徽、军歌、勋章等相同或者近似的，以及同中央国家机关的名称、标志、所在地特定地点的名称或者标志性建筑物的名称、图形相同的；

（二）同外国的国家名称、国旗、国徽、军旗等相同或者近似的，但经该国政府同意的除外；

（三）同政府间国际组织的名称、旗帜、徽记等相同或者近似的，但经该组织同意或者不易误导公众的除外；

（四）与表明实施控制、予以保证的官方标志、检验印记相同或者近似的，但经授权的除外；

（五）同“红十字”、“红新月”的名称、标志相同或者近似的；

（六）带有民族歧视性的；

（七）带有欺骗性，容易使公众对商品的质量等特点或者产地产生误认的；

（八）有害于社会主义道德风尚或者有其他不良影响的。

县级以上行政区划的地名或者公众知晓的外国地名，不得作为商标。但是，地名具有其他含义或者作为集体商标、证明商标组成部分的除外；已经注册的使用地名的商标继续有效。

二、法律释义

本条列举了不得作为商标使用的标志，明确了使用地名作为商标的限制。其目的是禁止损害或可能损害国家尊严、社会公共利益、社会公共秩序、民族团结、宗教信仰等的标志或者违反社会善良风俗、具有其他不良影响的标志获准注册和使用。如果有关标志的注册仅损害特定民事权益，由于《商标法》已经另行规定了救济方式和相应程序，不宜认定其属于具有其他不良影响的情形。“不得作为商标使用”是指除了禁止这些标志作为商标注册外，还禁止上述标志作为商标使用。

本条第一款对于特定标志进行保护，禁止其作为商标注册和使用。具体包括：中华人民共和国的国家名称、国旗、国徽、国歌、军旗、军徽、军歌、勋章，中央国家机关的名称、标志、所在地特定地点的名称或者标志性建筑物的名称、图形等；外国的国家名称、国旗、国徽、军旗等；政府间国际组织的名称、旗帜、徽记等；表明实施控制、予以保证的官方标志、检验印记；“红十字”“红新月”的名称、标志。

本条第一款还禁止有损公序良俗等公共利益的标志作为商标使用。具体包括：带有民族歧视性的标志；带有欺骗性，容易使公众对商品的质量等特点或者产地产生误认的标志；有害于社会主义道德风尚的标志或者有其他不良影响的标志。

对含有上述标志的商标注册申请应严格审查审理，原则上禁止注册和使用。标志具有多种含义或者多种使用方式，只要其中某一含义或者使用方式容易使公众认为其属于本条第一款所规定情形的，可以认定违反该款规定，标志的具体使用情况一般不予考虑。例如“叫个鸭子”，鸭子通常是指一种家禽，但在特殊语境下，非主流文化中亦有“男性性工作者”的含义，故该标志格调不高，违背了我国公序良俗，属于有害于社会主义道德风尚的情形。

实践中不同社会群体对有关标志是否属于本款禁用情形往往存在不同的理解，但只要特定群体有合理充分的理由认为该标志用作商标违反了本款规定，则应认定为该标志属于上述禁用情形。例如“MLGB”，在网络环境下特定网络使用群体认为其具有不文明含义，该标志仍属于上述禁用情形。

本条第二款规定了县级以上行政区划的地名或者公众知晓的外国地名不得作为商标。其例外情况主要包括：一是地名具有除行政区划外的其他含义，且其他含义更易于被一般公众所接受和熟知。例如“凤凰”除了具有行政区划地名的含义外，还有“传说中的百鸟之王”的含义，且公众更熟知第二层含义。二是地名作为集体商标、证明商标的组成部分。三是已经注册使用地名的商标继续有效。为保护商标所有权人的合法权益，现行法不追溯该法生效前已经注册的含有上述地名的普通商标，如“北京牌”电视机等。

（一）同中华人民共和国的国家名称、国旗、国徽、国歌、军旗、军徽、军歌、勋章等相同或者近似的，以及同中央国家机关的名称、标志、所在地特定地点的名称或者标志性建筑物的名称、图形相同的

本条中的“国家名称”包括全称、简称和缩写，我国国家名称的中文全称是“中华人民共和国”，简称为“中国”，英文全称是“the People's Republic of China”，简称或者缩写为“China”“CHN”“P. R. C”“P. R. China”等；“中央国家机关的名称、标志、所在地特定地点的名称或者标志性建筑物的名称”包括“全国人民代表大会”“国务院”“中南海”

"钓鱼台""天安门""新华门""紫光阁""怀仁堂""人民大会堂"等。

同中华人民共和国的国家名称等"相同或者近似",是指标志整体上与国家名称等相同或者近似。对于含有中华人民共和国的国家名称等,但整体上并不相同或者不相近似的标志,如果该标志作为商标注册可能损害国家尊严的,可以认定属于《商标法》第十条第一款第八项规定的情形。

商标注册审查审理不仅要保护商标注册人的利益,还要承担维护国家尊严、维护社会公共利益和社会主义市场经济秩序以及保护消费者权益的职责。上述我国的国家名称、国旗、国徽等国家标志,与国家尊严紧密相连,因此,对与此类标志相关的商标应严格审查审理,原则上禁止上述标志注册和使用。

(二)同外国的国家名称、国旗、国徽、军旗等相同或者近似的

本条中的"外国的国家名称"包括中文和外文的全称、简称和缩写;"国旗"是由国家正式规定的代表本国的旗帜;"国徽"是由国家正式规定的代表本国的徽记;"军旗"是国家正式规定的代表本国军队的旗帜。

我国在国际交往中遵循"和平共处五项原则",主张国家不分大小、贫富、强弱,一律平等。为尊重外国国家主权,一切与外国国家名称、国旗、国徽、军旗等相同或者近似的标志,不得作为商标使用。但如果外国政府同意与其国家名称、国旗、国徽、军旗等相同或者近似的标志作为商标使用,不适用本项禁用规定。

(三)同政府间国际组织的名称、旗帜、徽记等相同或者近似的

本条中的"政府间国际组织",是指由若干国家和地区的政府为了特定目的通过条约或者协议建立的有一定规章制度的团体。例如:联合国、世界贸易组织、世界知识产权组织、亚太经济合作组织、上海合作组织、欧洲联盟、东南亚国家联盟、非洲联盟等。国际组织的名称包

括全称、简称和缩写。例如：联合国的英文全称为“United Nations”，简称“UN”，标志如图 4-1 所示。“欧洲联盟”简称“欧盟”，英文名称为“European Union”，简称“EU”，标志如图 4-2 所示。上海合作组织简称“上合组织”，英文名称为“The Shanghai Cooperation Organization”，简称“SCO”，会徽如图 4-3 所示。

图 4-1　联合国标志

图 4-2　欧盟标志

图 4-3　上海合作组织标志

禁止将上述标志作为商标注册和使用的理由在于，非经该国际组织同意，他人将这些标志作为商标注册和使用，易使公众误认为这些标志的使用者得到了该组织的授权，或者与该组织存在某种联系。但是，如果经政府间国际组织同意，或不会令公众对产品或服务的来源等产生误认的，不适用本项禁用规定。

（四）与表明实施控制、予以保证的官方标志、检验印记相同或者近似的

本条中的“实施控制”是指有关官方机构根据法律的规定，掌握和监督某些产品的质量、精度的行为。“予以保证”指有关官方机构根据法律的规定，对质量、精度等方面达到一定要求的产品给予确认的行为。“官方标志、检验印记”，是指官方机构用以表明其对商品质量、性能、成分、原料等实施控制、予以保证或者进行检验的标志或印记，如丹麦奶酪印记、荷兰商品检验印记等。这些标志仅仅为这些机构所有。本项所指的控制、保证机构通常不是指非官方机构，而是指官方

机构。表明实施控制、予以保证的官方标志、检验印记是政府履行职责，对所监管事项作出的认可和保证，具有国家公信力，不宜作为商标使用，如果他人将含有此类官方标志、检验印记或者与之近似的标志进行使用或申请注册，并且未经该组织的授权，则易使公众误认为该使用或注册申请人是这些标志的所有人，或者误认为其已得到有关官方机构的授权，使这种标志的公信力受到损害。但是，如果官方机构授权他人使用，或者授权他人将官方标记、检验印记申请商标注册的，则该机构和该个人之间已经存在授权与被授权的约定，不适用该项的禁止性规定。

（五）同“红十字”“红新月”的名称、标志相同或者近似的

本条中的“红十字”是国际人道主义保护标志，是武装力量医疗机构的特定标志，是红十字会的专用标志，其图案如 4-4 所示。“红新月”是阿拉伯国家和部分伊斯兰国家红新月会专用的，性质和功能与红十字标志相同的标志，是向右弯曲或者向左弯曲的红新月，其图案如 4-5 所示。

图 4-4　红十字标志

图 4-5　红新月标志

《红十字会法》规定：红十字标志是标示在武装冲突中必须受到尊重和保护的人员和设备。其使用办法，依照日内瓦公约及其附加议定书的有关规定执行。红十字标志的标明使用，是标志与红十字活动有关的人或者物。其使用办法由国务院规定。因宗教信仰使用红新月标志的，其使用办法适用红十字标志的使用规定。禁止滥用红十字标志。

此外，“红水晶”标志（如图 4-6 所示），系国际人道主义保护公约战场救护的第三个特殊的标志，与“红十字”“红新月”标志具有同等法律效力和地位。同“红十字”“红新月”的名称、标志相同或者近似的标志不得作为商标注册和使用。

图 4-6 红水晶标志

（六）带有民族歧视性的

本条中的“民族歧视性”，是指标志中带有对特定民族进行丑化、贬低或者其他不平等看待该民族的内容。该项旨在禁止带有民族歧视性的标志等作为商标使用和注册。

（七）带有欺骗性，容易使公众对商品的质量等特点或者产地产生误认的

本条中的“带有欺骗性”，是指标志对其指定商品或者服务的质量等特点或者来源作了超过其固有程度或与事实不符的表示，容易使公众对商品或者服务的质量等特点或者来源产生错误的认识。例如：将“健康”“长寿”标志指定使用在“香烟”商品上；将“万能”标志指定使用在“药品”商品上。

判断有关标志是否属于该项情形，必须结合指定的商品或者服务本身特点进行具体分析，如“好土”用于“鸡蛋”商品上，易使消费者对商品的品质、质量、培育方式等特点产生误认，属于此类情形。

但是，如果公众基于日常生活经验等不会对标志指定的商品或者服务的质量等特点或者来源产生误认的，不属于该项规定的情形。

（八）有害于社会主义道德风尚或者有其他不良影响的

本条中的“社会主义道德风尚”，是指我国公众共同生活及其行为的准则、规范以及在一定时期内社会上流行的良好风气和习惯，富强、民主、文明、和谐、自由、平等、公正、法治、爱国、敬业、诚信、友善的社

会主义核心价值观，是我国各族人民共同的思想道德基础。“其他不良影响”是指除了有害于社会主义道德风尚之外的情况，一般是指标志的文字、图形或者其他构成要素具有贬损含义，或者该标志本身虽无贬损含义，但由该申请人注册使用，易对我国政治、经济、文化、宗教、民族等社会公共利益和公共秩序产生消极、负面的影响。有害于社会主义道德风尚或者具有其他不良影响的判定应考虑政治背景、社会背景、历史背景、文化传统、民族风俗、宗教政策等因素，并应考虑标志的构成要素及其指定的商品和服务。根据公众日常生活经验，或者辞典、工具书、权威文献，或者相关领域人士的通常认知等，能够确定有关标志或者其构成要素可能对我国社会公共利益和公共秩序产生消极、负面影响的，可以认定具有“其他不良影响”。申请人的主观意图、使用方式、社会影响等可以作为认定是否具有“其他不良影响”的参考因素。在审查审理判断有关标志或者其构成要素是否具有“其他不良影响”时，一般以审查审理时的事实状态为准。

（九）含地名标志的审查审理

本条中的“县级以上行政区划”包括县级行政区划，如县、自治县、县级市、市辖区等；地级行政区划，如市、自治州、地区、盟等；省级行政区划，如省、直辖市、自治区；特别行政区，即香港特别行政区和澳门特别行政区；台湾地区。县级以上行政区划的地名以我国民政部发布的《中华人民共和国行政区划简册》为准。本条中的“县级以上行政区划地名”包括全称、简称以及省、自治区、直辖市、特别行政区、省会城市、计划单列市、著名旅游城市名称的拼音形式。

本条中的“公众知晓的外国地名”，是指我国公众知晓的我国以外的其他国家或地区的地名。地名包括全称、简称、外文名称和通用的中文译名，如“东京”“纽约”等。我国公众不熟知的外国地名，不在禁止之列。

本条中的“地名具有其他含义”，是指地名作为词汇具有确定含义且该含义强于作为地名的含义，不会误导公众的。

以地名作为商标本身缺乏显著性或显著性较弱，不利于消费者区分商品和服务的来源，容易造成混乱。县级以下的行政区划或我国公众不知晓的外国地名虽然不属于该款情形，但若相应地域本身以生产某种商品或提供某种服务闻名，仍要结合申请使用的商品与服务综合判断是否属于误认情形。

实践中，有些标志由地名和其他要素组成，如果该标志因其他要素的加入，在整体上具有显著特征且整体上形成了强于上述地名以外的其他含义的，或者整体上无含义且一般不易被识别为上述地名的，可以认定不属于本款所规定的情形。

三、案例分析

（一）同中华人民共和国的国家名称、国旗、国徽、国歌、军旗、军徽、军歌、勋章等相同或者近似的，以及同中央国家机关的名称、标志、所在地特定地点的名称或者标志性建筑物的名称、图形相同的

【案例 18】某自然人申请的“YARLUNG LIGHTING”商标（如图4-7所示），指定使用在“灯；照明设备和装置；安全灯；太阳能灯；LED灯；LED灯具；路灯；消毒设备；水净化设备和机器；污水处理设备”商品上。

图 4-7 “YARLUNG LIGHTING”商标

经查，该商标图形部分小星绕着大星整体与中国国旗近似，故该商标予以驳回。

【案例 19】某自然人申请的“POWER”商标(如图 4-8 所示)，指定使用在“汽车燃料化学添加剂；防冻剂；乙二醇；氦；防冻液；刹车液；制冷剂；散热器清洗化学品；二氯甲烷”商品上。

图 4-8 “POWER”商标

经查，该商标中字母上有五颗五角星图案，整体易与中国国旗产生联想，故该商标予以驳回。

(二)同外国的国家名称、国旗、国徽、军旗等相同或者近似的

【案例 20】某公司申请的图形商标(如图 4-9 所示)，指定使用在“服装；婴儿全套衣；游泳衣；防水服；化装舞会用服装；鞋(脚上的穿着物)；足球鞋；帽(头戴物)；袜；手套(服装)；领带；围巾；腰带；服装带(衣服)；十字褡；修女头巾；神父左臂上佩戴的饰带；服装绶带；浴帽；睡眠用眼罩；理发用披肩；婚纱”商品上。

图 4-9 图形商标

经查，该商标与英国国旗近似，故该商标予以驳回。

【案例 21】某自然人申请的“驼子太”商标（如图 4-10 所示），指定使用在“加工过的海鲜；肉；奶粉；牛奶制品；食用油；干食用菌；腌制蔬菜；奶；以果蔬为主的零食小吃；加工过的坚果”商品上。

图 4-10 “驼子太”商标

经查，该商标图形部分与美国国旗组成要素近似，故该商标予以驳回。

（三）同政府间国际组织的名称、旗帜、徽记等相同或者近似的

【案例 22】某公司申请的“UN.union”商标（如图 4-11 所示），指定使用在“文身；庭院风景布置；卫生设备出租；医疗诊所服务；整形外科；疗养院；饮食营养指导；动物养殖；美容院；理发店”服务项目上。

UN.union

图 4-11“UN.union”商标

经查，“UN”可译为“联合国”，“UN.union”可译为“联合国同盟”，故该商标予以驳回。

【案例 23】某公司申请的图形商标（如图 4-12 所示），指定使用在“教学用组织剖面图；教学材料（仪器除外）；显微镜用生物样本（教学材料）；教学用模型标本；比例绘图仪（绘图器械）；教学挂图；图画；文具；建筑模型；模型材料”商品上。

图 4-12　图形商标

经查，该商标与联合国标志（如图 4-1 所示）或者联合国全球契约组织标志（如图 4-13 所示）近似，故该商标予以驳回。

图 4-13　联合国全球契约组织标志

（四）与表明实施控制、予以保证的官方标志、检验印记相同或者近似的

【案例 24】某公司申请的“小蓝帽玉姐”商标（如图 4-14 所示），指定使用在“植物生长调节剂；防微生物剂；肥料；土壤调节制剂；化肥；植物用微量元素制剂；赤霉素；复合肥料；生物化学催化剂；水果催熟用激素”商品上。

小蓝帽玉姐

图 4-14　“小蓝帽玉姐”商标

经查，“小蓝帽”也叫“蓝帽子”，是业界对中国保健食品专用标志（如图4-15所示）的俗称，因该标志为天蓝色、呈帽形而得名。

图4-15　中国保健食品专用标志

（五）同“红十字”“红新月”的名称、标志相同或者近似的

有关标志与“红十字”“红新月”“红水晶”的名称、图案在视觉上基本无差别的，判定为同“红十字”“红新月”“红水晶”的名称、标志相同。例如：RED CROSS，“Red cross”译为“红十字”；Red Crescent，“red crescent”译为“红新月”。

有关标志足以使公众将其误认为“红十字”“红新月”“红水晶”的名称、图案的，判定为同“红十字”“红新月”“红水晶”的名称、标志近似。

【案例25】某公司申请的图形商标（如图4-16所示），指定使用在“医用营养食物；婴儿食品；医用营养饮料；矿物质食品补充剂；营养补充剂；医用冻干食物；医用香膏；医用泥浆；医药制剂；药草”商品上。

图4-16　图形商标

经查，该图形无特殊含义，疑似含“红十字”元素。该商标适用以“与‘红十字’标志近似”为由予以驳回。

【案例 26】某公司申请的“仁爱”商标（如图 4-17 所示），指定使用在“医疗保健；治疗服务；康复中心；理疗；饮食营养咨询；美容院服务；远程医学服务；试管授精；医疗按摩；针灸服务”服务项目上。

图 4-17 “仁爱”商标

经查，该图形无特殊含义，但与“红十字”标志近似。该商标适用以“与‘红十字’标志近似”为由予以驳回。

【案例 27】某公司申请的“SAYES”商标（如图 4-18 所示），指定使用在“洗面奶；清洁制剂；香精油；化妆品；防皱霜；祛斑霜；牙膏；美容面膜；洗发液；非医用漱口剂”商品上。

图 4-18 “SAYES”商标

经查，“SAYES”无特殊含义，但图形部分与“红十字”标志近似。该商标适用以“与‘红十字’标志近似”为由予以驳回。

例外情形：具有明确的其他含义或者特定的表现形式，不会误导公众的，可不适用本禁用规定。

【案例 28】某公司申请的图形商标（如图 4-19 所示），指定使用在“无菌罩布（外科用）；医务人员用面罩；医用卫生口罩；口罩；医用防护服；按摩器械；医疗器械和仪器；医用体育活动器械；医疗分析仪器；医疗用超声器械”商品上。

图 4-19　图形商标

经查，该图形无特殊含义。其形状与“红十字”近似，但颜色区别明显（绿色）。该商标不以与“红十字”近似驳回，如无他人在先权利，应准予初步审定。

【案例 29】某自然人申请的“禾合里”商标（如图 4-20 所示），指定使用在“糖果；茶；蜂蜜；米；茶饮料；用作茶叶代用品的花或叶；冰糖燕窝；秋梨膏；袋装茶叶；速溶茶”商品上。

图 4-20　“禾合里”商标

经查，“禾合里”无特殊含义，该商标中“里”字有设计，疑似包含“十”字标志，但“里”字为正常艺术化设计字体，不属于不规范汉字，且整体与红十字标志区别明显。该商标不以与“红十字”近似驳回，如无他人在先权利，应准予初步审定。

(六)带有民族歧视性的

标志本身及其构成要素与民族名称相同或者近似,并丑化或者贬低特定民族的,判定为带有民族歧视性。例如:在蜂蜜等商品上申请的"蛮子"标志,"蛮子"属于对少数民族的蔑称。

(七)带有欺骗性,容易使公众对商品的质量等特点或者产地产生误认的

具体情形包括但不限于:

1.容易使公众对商品或者服务的质量、品质、功能、用途、原料、内容、重量、数量、价格、工艺、技术等特点产生误认的

(1)容易使公众对商品或者服务的质量、品质等特点产生误认的

【案例 30】某公司申请的"FORGOOD"商标(如图 4-21 所示),指定使用在"果酒(含酒精);葡萄酒;清酒(日本米酒);米酒;预先混合的酒精饮料(以啤酒为主的除外);尼瓦(以甘蔗为主的酒精饮料);白酒;黄酒;食用酒精;烧酒"商品上。

图 4-21 "FORGOOD"商标

经查,"FORGOOD"可译为"为好的"。该商标适用以"易使消费者对商品的品质特点产生误认"为由予以驳回。

【案例 31】某公司申请的"鑫泰隆老酒文化馆"商标(如图 4-22 所示),指定使用在"果酒(含酒精);汽酒;开胃酒;蒸馏饮料;蒸煮提取物(利口酒和烈酒);白酒;米酒;葡萄酒;酒精饮料(啤酒除外);黄酒"商品上。

图 4-22 “鑫泰隆老酒文化馆”商标

经查,“鑫泰隆老酒文化馆”无特殊含义,含“老酒”。“老酒”,即存放时间较长的酒的统称,泛指所有经过陈年的佳酿,所有基酒酒龄5年以上的成品酒。在中国南方地区老酒一般是黄酒的别称。该商标适用以“易使公众对商品的品质等特点产生误认”为由予以驳回。

【案例32】某公司申请的“五星到家”商标(如图4-23所示),指定使用在“清洁建筑物(内部);清洁窗户;清扫烟囱;家具修复;家具保养;清洗衣服;服装翻新;消毒;室内装潢的除臭;抽油烟机清洁服务”服务项目上。

五星到家

图 4-23 “五星到家”商标

经查,“五星到家”可理解为“五星级到家的服务”。“五星”:a.古人称太白、岁星、辰星、荧惑、镇星为“五星”,即太阳系中距地球较近的金、木、水、火、土五行星;b.古代相士以人的生辰所值五星位置推算命运,故以五星代称命运;c.“五星级”是对我国涉外旅游接待机构划分的档次、等级,星级越高,表示其档次越高。该商标适用以“易使消费者对服务的质量等特点产生误认”为由予以驳回。

【案例33】某公司申请的“一丁点”商标(如图4-24所示),指定使用在“卫生消毒剂;消毒剂;灭微生物剂;药用酒精;医用酒精;抗菌剂;

细菌抑制剂；杀菌剂；空气净化制剂；医用棉签”商品上。

一丁点

图 4-24 “一丁点”商标

经查，“一丁点”形容极少或极小。该商标适用以“易使消费者对商品的用量等特点产生误认，且缺乏显著特征”为由予以驳回。

【案例 34】某公司申请的“TAKABB”商标（如图 4-25 所示），指定使用在“无酒精果汁饮料；无酒精果汁；果汁；带果肉果汁饮料；果汁饮料；混合水果果汁；以水果为主的饮料；水果果昔；无酒精混合果汁；混合果汁；制饮料用无酒精果汁；水果味软饮料”商品上。

图 4-25 “TAKABB”商标

经查，“TAKABB”无特殊含义。商标图样含蜈蚣图样。该商标适用以“易使消费者对商品的原料等特点产生误认”为由予以驳回。

（2）容易使公众对商品的功能、用途等特点产生误认的

【案例 35】某公司申请的“南洋扶寿方”商标（如图 4-26 所示），指定使用在“咖啡；茶；袋泡茶；糖；冰糖燕窝；糕点；粽子；谷类制品；米粉（条状）；调味品”商品上。

南洋扶寿方

图 4-26 “南洋扶寿方”商标

经查，“南洋扶寿方”无特殊含义。百度百科显示“南洋”是明清时期对东南亚一带的称呼，是以中国为中心的一个概念。《扶寿方》《扶寿精方》均为医学著作。该商标包含“扶寿方”，适用以“易使公众对商品的功能、用途等特点产生误认”为由予以驳回。

【案例 36】某公司申请的“发博士”商标（如图 4-27 所示），指定使用在“维生素制剂；医用头发增长剂；含药物的洗发液；营养补充剂；消毒纸巾”商品上。

图 4-27 “发博士”商标

经查，“发博士”无特殊含义。因该商标申请的商品“医用头发增长剂；含药物的洗发液”等与头发相关，故该商标适用以“易使消费者对商品的功能、用途等特点产生误认”为由予以驳回。

【案例 37】某公司申请的“路锈宝”商标（如图 4-28 所示），指定使用在“金属加工的回火用化学品；焊接的回火用化学品；金属回火剂；工业用黏合剂；工业用化学品；化学防腐剂；染料助剂；金属腐蚀剂；金属焊接用助剂；清漆溶剂”商品上。

图 4-28 “路锈宝”商标

经查，“路锈宝”无特殊含义。“锈”：a.铜、铁等金属表面因氧化而生成的物质；b.生锈；c.某些液体表面结成的像锈一样的物质，如水锈；d.锈病。锈菌寄生引起的植物病害，症状多在茎叶上产生铁锈色的斑点。该商标申请商品多与“化学防腐剂;清漆溶剂”等相关。该商标适用以“易使消费者对商品的功能、用途等特点产生误认”为由予以驳回。

(3)容易使公众对商品的种类、主要原料、成分等特点产生误认的

【案例 38】某公司申请的“镁妮司娜”商标(如图 4-29 所示),指定使用在“宠物尿布;牙用研磨剂;卫生内裤;杀昆虫剂;兽医用药;净化剂;医用营养品;补药;膳食纤维;婴儿食品”商品上。

镁妮司娜

图 4-29 “镁妮司娜”商标

经查,“镁妮司娜”无特殊含义。“镁”(Magnesium)是一种银白色的轻质碱土金属,元素符号是 Mg。它的化学性质活泼,能与酸反应生成氢气,具有一定的延展性和热消散性。镁元素在自然界广泛分布,是人体的必需元素之一。该商标适用以“易使公众对商品的原料、成分等特点产生误认”为由予以驳回。

【案例 39】某公司申请的“锆美 DIAZIR”商标(如图 4-30 所示),指定使用在“假牙用瓷料;牙用研磨剂;牙科用贵金属合金;牙科用固定材料;牙科用印模材料;牙科用金汞合金;牙医制模用蜡;牙填料;牙科用黏合剂;假牙黏合剂”商品上。

DIAZIR
锆美

图 4-30 “锆美 DIAZIR”商标

经查,“锆美”无特殊含义。“锆”是一种金属元素,二氧化锆可用于假牙的制作,该商标申请在“牙科用金汞合金;牙用研磨剂”的商品

上。该商标适用以“易使消费者对商品的原料等特点产生误认”为由予以驳回。

【案例 40】某自然人申请的“橘花”商标（如图 4-31 所示），指定使用在“食用油；食用芝麻油；食用豆油；食用油脂；以水果为主的零食小吃；肉；加工过的蔬菜；干食用菌；咸菜；奶制品”商品上。

图 4-31 “橘花”商标

经查，“橘花”，别名为“七里香”，是常绿小灌木，花朵可漂洗晒干泡茶饮用或加入蛋花汤、榨菜肉丝汤中当自然香料。因橘花有食用价值，该商标适用以“易使消费者对商品的原料等特点产生误认”为由予以驳回。

【案例 41】某公司申请的“杞酵鲜”商标（如图 4-32 所示），指定使用在“酱油；混合调味品（涂抹用）；辣椒粉；调味品；辣椒（调味品）；鸡精（调味品）；味精；五香粉；涮羊肉调料；花椒粉”商品上。

图 4-32 “杞酵鲜”商标

经查，“杞酵鲜”无特殊含义，“杞酵”多指向“枸杞酵素”。“杞”：a.［枸杞］，见“枸”；b.周朝诸侯国名，在今河南杞县；c.（Qǐ）姓。“酵”：发酵。复杂的有机化合物在微生物的作用下分解成比较简单的物质。“鲜”：a.新，新鲜；b.鲜明；c.味美；d.鲜美的食物；e.特指鱼虾等水产食物。该商标适用以“易使消费者对商品的原料、工艺等特点产生误认”为由予以驳回。

(4)容易使公众对商品的重量、数量、价格、生产时间、生产工艺、技术等特点产生误认的

【案例 42】某公司申请的“百年阿尔山”商标(如图 4-33 所示),指定使用在“果酒(含酒精);鸡尾酒;葡萄酒;烈酒(饮料);酒精饮料(啤酒除外);米酒;汽酒;黄酒;烧酒;白酒”商品上。

百年阿尔山

图 4-33 “百年阿尔山”商标

经查,“百年阿尔山”无特殊含义。“阿尔山”:a.全称“哈伦·阿尔山”,别名哈拉哈火山群,系蒙古语,意为“热的圣水”,位于内蒙古自治区东北部;b.一般指阿尔山市。“百年”:a.指很多年或很长时期;b.人的一生;c.字面释义为一百年。该商标含“百年”,适用以“易使消费者对商品的年份等特点产生误认”为由予以驳回。

【案例 43】某自然人申请的“大黔回沙钓台”商标(如图 4-34 所示),指定使用在“白酒;黄酒;开胃酒;清酒(日本米酒);烧酒;果酒;酒精饮料(啤酒除外);米酒;葡萄酒;蒸煮提取物(利口酒和烈酒)”商品上。

大黔回沙钓台

图 4-34 “大黔回沙钓台”商标

经查,“大黔回沙钓台”无特殊含义。“回沙”工艺是一种传统的酿酒工艺,属酱香型工艺,其方法以小麦高温制曲,陈曲两次混入后,进行蒸馏取酒。该商标含“回沙”,适用以“易使消费者对商品的工艺特

点产生误认”为由予以驳回。

（5）容易使公众对服务的内容、性质等特点产生误认的

【案例 44】某公司申请的“五邑借贷网”商标（如图 4-35 所示），指定使用在“新闻社服务；通过互联网播放节目；在互联网上提供数字音乐网站接入服务；提供全球计算机网络用户接入服务；提供数据库接入服务；视频点播传输；为社交网络提供在线聊天室；声音、视频和信息传送；提供在线论坛；通过视频通信系统传送信息”服务项目上。

五邑借贷网

图 4-35 “五邑借贷网”商标

经查，“五邑借贷网”无特殊含义。“五邑”指今广东省江门市下辖新会、台山、开平、恩平、鹤山五个县级行政区。该商标含“借贷”，而申请人营业执照中不含“借贷”等相关服务。该商标适用以“易使消费者产生误认”为由予以驳回。

2.容易使公众对商品或者服务的产地、来源产生误认的

（1）标志由地名构成或者包含地名，申请人并非来自该地，使用在指定商品上，容易使公众发生产地误认的（属于《商标法》第十条第二款规定的不得作为商标使用的情形的，应同时适用该条款）。

【案例 45】某自然人申请的“北滘”商标（如图 4-36 所示），指定使用在“木材加工机；包装机；塑料加工机器；玻璃加工机；装卸设备；金属加工机械；铸造机械；工业机器人；压缩机（机器）；机器导轨”商品上。

北滘

图 4-36 “北滘”商标

经查,“北滘”无特殊含义。“北滘镇”隶属于广东省佛山市顺德区,2021 年 9 月入选“2021 年全国千强镇”,是全国知名的经济强镇。而申请人来自广东省佛山市顺德区伦教街道。该商标适用以“易使消费者对商品的产地产生误认”为由予以驳回。

【案例 46】某自然人申请的“武陵村长”商标(如图 4-37 所示),指定使用在“肉;家禽(非活);腊肉;鱼制食品;肉罐头;腌制水果;食用油;加工过的坚果;豆腐制品;香肠”商品上。

图 4-37 “武陵村长”商标

经查,“武陵村长”无特殊含义。“武陵区”为湖南省常德市的一个区。而申请人地址为福建省泉州市泉港区山腰埭港村。根据《餐饮行业商标注册申请与使用指引》,该商标适用以“易使消费者对商品的产地等特点产生误认”为由予以驳回。

(2)标志文字构成与我国县级以上行政区划的地名或者公众知晓的外国地名不同,但字形、读音近似足以使公众误认为该地名,从而发生商品产地误认的。

【案例 47】某自然人申请的“醉忆城嘟”商标(如图 4-38 所示),指定使用在“张贴广告;货物展出;广告宣传;户外广告;电视广告;市场营销研究;广告;为他人推销;定向市场营销;收银机出租”服务项目上。

图 4-38 “醉忆城嘟”商标

经查,“醉忆城嘟”无特殊含义。“城嘟”与“成都”读音相同、字形相近，易使消费者联想到四川省会成都。该商标适用以“易使消费者对服务的来源产生误认”为由予以驳回。

【案例48】某公司申请的“PARI YUNSOO 芭黎元素”商标（如图4-39所示），指定使用在“化妆品；洁肤乳液；去污剂；洗面奶；香；香精油；牙膏；研磨材料；口红；沐浴露”商品上。

PARI YUNSOO
芭黎元素

图4-39 “PARI YUNSOO 芭黎元素”商标

经查，“芭黎”与“巴黎”读音相同、字形相近。“巴黎”（Paris），是法兰西共和国的首都和最大城市，也是法国的政治、经济、文化和商业中心，世界五个国际大都市之一。该商标适用以“含‘芭黎’，与法国首都‘巴黎’读音相同，字形相近，使用在指定商品上易使消费者产生误认”为由予以驳回。

（3）标志由我国县级以上行政区划的地名之外的其他地名构成或者含有此类地名，使用在其指定的商品上，容易使公众发生商品产地误认的。

（4）标志包含国家名称，但申请人并非来自该国，使用在其指定的商品上，容易使公众发生商品产地误认的。

（5）标志包含企业名称，而该企业名称与申请人名义存在实质性差异的，容易误导公众的。

此处企业名称包括全称、简称、中文名称、英文名称以及名称的汉语拼音等，且以容易使公众将其作为指代企业主体身份的标识为认定要件。

通常标志所含企业名称的行政区划或者地域名称、字号、行业或者经营特点、组织形式与申请人名义不符的，判定为与申请人名义存在实质性差异。

【案例 49】某单位申请的“工商学院网校”商标（如图 4-40 所示），指定使用在“学校（教育）；函授课程；教学；培训；教育考核；辅导（培训）；提供培训和教育考试（教育认证服务）；教育研究；组织教育或娱乐竞赛；安排和组织学术讨论会”服务项目上。

工商学院网校

图 4-40 “工商学院网校”商标

经查，“工商学院网校”无特殊含义，但与申请人名义不一致。故该商标适用“易使消费者产生误认”予以驳回。

【案例 50】四川大学申请的“华西口腔”商标（如图 4-41 所示），指定使用在“医院；医疗诊所服务；牙齿正畸服务；整形外科；治疗服务；美容服务；远程医学服务；牙科；康复中心；饮食营养指导”服务项目上。

华西口腔

图 4-41 “华西口腔”商标

经查，“华西口腔”一般指四川大学华西口腔医院，是三级甲等口腔专科医院，中国国家口腔医学中心。该商标不致使消费者产生误认，如无他人在先权利，应准予初步审定。

（6）与公众人物姓名、肖像等相同或者近似，容易导致公众误认的。

标志或者其构成要素与公众人物姓名、肖像等相同或者近似的，未经本人许可，容易导致公众对商品或者服务来源等产生误认的，一般适用本规定。姓名包括户籍登记中使用的姓名，也包括别名、笔名、艺名、雅号、绰号等。

【案例 51】某公司申请的“川久保玲”商标（如图 4-42 所示），指定使用在“肥皂；清洁制剂；皮革漂白制剂；花精（香料）；化妆品；牙膏；干花瓣与香料混合物（香料）；空气芳香剂；金刚砂（研磨用）；动物用化妆品”商品上。

图 4-42 “川久保玲”商标

经查，川久保玲是日本知名服装设计师。而申请人为河北省清河县一家商贸公司，故该商标适用以“易使消费者产生误认”为由予以驳回。

【案例 52】某公司申请的图形商标（如图 4-43 所示），指定使用在“广告；为他人推销；为商品和服务的买卖双方提供在线市场；市场分析；网站流量优化；寻找赞助；药品零售或批发服务”服务项目上。

图 4-43 图形商标

经查，该图像为演员张瑞芳在电影《李双双》中的剧照，该电影由上海电影制片厂出品，于 1962 年 3 月 12 日上映，该演员已于 2012 年过世。申请人在设计说明中注明：“电脑绘图，农村妇女头像。”申请人未提供肖像授权。该商标适用以“易使消费者产生误认”为由予以驳回。

(7)与具有一定知名度的教育院校、体育组织、环保组织、慈善组织等机构的名称、标志相同或者近似,未经该机构许可,容易导致公众对商品或者服务来源产生误认的。

【案例 53】某联盟申请的“世界跆拳道联盟 WORLD TAEKWONDO UNION”商标(如图 4-44 所示),指定使用在“学校(教育);培训;体育教育;教育信息;职业再培训;体育培训;教育测试;教育考核服务;跆拳道培训;动物训练”服务项目上。

图 4-44 “WORLD TAEKWONDO UNION”商标

经查,“世界跆拳道联盟”一般指世界跆拳道联合会,英文名称为“WORLD TAEKWONDO FEDERATION”,英文缩写为 WTF,1973 年 5 月 28 日在韩国汉城(即首尔)成立,总部设在韩国。申请人中英文名称分别为“世界跆拳道联盟”“WORLD TAEKWONDO UNION”,地址位于美利坚合众国科罗拉多州,与上述英文名称、英文简称、地址等信息均不一致,故该商标适用以“易使消费者产生误认”为由予以驳回。

【案例 54】某公司申请的“世品协”商标(如图 4-45 所示),指定使用在“进出口代理;广告;广告宣传;通过全球计算机网络推广他人的商品和服务;药用、兽医用、卫生用制剂和医疗用品的零售服务;媒体关系服务;为他人创建品牌形象的广告服务;组织商业或广告展览和交易会;商业事务中的商业估价和评估;组织和举办商业和广告展览”

服务项目上。

世品协

图 4-45 “世品协”商标

经查，“世品协”（全称为“世界品牌企业协会网”）是由金丝路联盟、中国品牌传播联盟等多家机构联合发起成立的、以“中国品牌、世界共享”为目标打造的品牌服务平台。“世品协”不是协会性质的组织，是会议会展类的注册商标，是服务品牌企业的商业性平台。该商标适用以“易使消费者产生误认”为由予以驳回。

（8）与重要赛事、重要展会、重大考古发现名称（含规范简称）、标志等相同或者近似的，未经主办方或主管单位授权，容易导致公众误认的。

【案例 55】某公司申请的“青铜人”商标（如图 4-46 所示），指定使用在“广告；为零售目的在通信媒体上展示商品；特许经营的商业管理；替他人推销；为商品和服务的买卖双方提供在线市场；复印服务；会计；药用、兽医用、卫生用制剂和医疗用品的零售服务；进出口代理；商业中介服务”服务项目上。

青铜人

图 4-46 “青铜人”商标

经查，“青铜人”多指三星堆出土的青铜文物。该商标适用以“易使消费者产生误认”为由驳回。

【案例 56】某自然人申请的图形商标（如图 4-47 所示），指定使用在“水晶工艺品；水晶（玻璃制品）；水晶画；彩色玻璃器皿；日用玻璃器皿（包括杯、盘、壶、缸）；未加工或半加工玻璃（建筑玻璃除外）；玻璃制饮用器皿;厨房容器;牙刷;化妆用具”商品上。

图 4-47　图形商标

经查,该商标图形为沧州铁狮子,又称“镇海吼”,1961 年被我国国务院公布为第一批全国重点保护文物保护单位。该商标适用以“易使消费者产生误认”为由予以驳回。

【案例 57】某公司申请的“番朵朵”商标(如图 4-48 所示),指定使用在第 29、30、31、32、35 类商品和服务项目上,如“肉汤浓缩汁;虾(非活);水果罐头;果酱;蛋;食品用果冻;以果蔬为主的零食小吃;番茄蜜饯;去皮西红柿;含水果的牛奶饮品”等。

番朵朵

图 4-48　“番朵朵”商标

经查,“番朵朵”为山东济阳垛石街道联合山东省文化创意设计行业协会推出的垛石番茄 IP 形象,在 2021 中国济阳·“好味知济”区域品牌大会暨首届垛石番茄创意生活节上首次出现,该活动主办方为中共济阳区委、区政府。该商标申请人与该活动主办单位、IP 形象设计单位均无关联。该商标适用以“易使消费者产生误认”为由予以驳回。

3.其他易导致公众误认的

【案例 58】某自然人申请的“胡马尔麦西来甫 Max Rap”商标(如图 4-49 所示),指定使用在“住所代理(旅馆、供膳寄宿处);餐厅;假日野营住宿服务；活动房屋出租；养老院；出租椅子、桌子、桌布和玻璃器皿；茶馆；自助餐厅；日间托儿所（看孩子）；动物寄养”服务项目上。

图 4-49 “胡马尔麦西来甫 Max Rap”商标

经查，“麦西来甫”，维吾尔语中意为“集会”“聚会”，是维吾尔族人民集取乐、品行教育、聚餐于一体的民间娱乐活动。互联网检索显示信息有：a.“新疆维吾尔麦西来甫”中国非物质文化遗产；b.麦西热甫（又译“麦西来甫”），是古代维吾尔族先民祭祀、祈福、庆典活动的遗存和发展，2010 年入选联合国教科文组织人类非物质文化遗产代表作名录。“‘麦西来甫’为一种维吾尔族传统艺术形式，如作为商标，为一家独占，有失社会公允。”该商标适用以“易使消费者产生误认”为由予以驳回。

（八）有害于社会主义道德风尚或者有其他不良影响的

1.有害于社会主义道德风尚的

【案例 59】某公司申请的“古惑仔传奇”商标（如图 4-50 所示），指定使用在“电子出版物（可下载）；计算机游戏程序；计算机游戏软件；可下载的计算机程序；可下载的计算机应用软件；已录制的计算机程序；已录制的计算机游戏软件；电子公告牌；光盘（音像）；动画片”商品上。

古惑仔传奇

图 4-50 “古惑仔传奇”商标

经查，“古惑仔”：a.《古惑仔》是最佳拍档电影公司出品的香港黑帮题材系列电影；b.《古惑仔》是一部以三合会为主题的香港漫画。2020 年 4 月 30 日《古惑仔》漫画 28 年连载结束；c.网络显示“古惑仔”最初是香港黑社会的一个用语，指那些无所事事、专门做坏事的年轻人。现在，它已经成为对从事某种不良职业或有不良嗜好的青少年的贬义称呼。故该商标适用易产生不良影响予以驳回。

【案例 60】某公司申请的“老乡猪”商标（如图 4-51 所示），指定使用在“餐厅；饭店；餐馆；茶馆；咖啡馆；酒吧服务；旅游房屋出租；养老院；托儿所服务；动物寄养”服务项目上。

老乡猪

图 4-51 “老乡猪”商标

经查，“老乡猪”易使人理解为骂人的词语，故适用易产生不良影响予以驳回。

【案例 61】某自然人申请的“PEACE & F＊＊K”商标（如图 4-52 所示），指定使用在“技术研究；测量；材料测试；包装设计；服装设计；计算机编程；艺术品鉴定；平面美术设计；鞋设计服务；首饰设计”服务项目上。

图 4-52 “PEACE & F＊＊K”商标

经查，“PEACE”可译为“和平”，“F＊＊K”为网络上对不文明用语“FUCK”的替代词，故适用易产生不良影响予以驳回。

【案例62】某公司申请的“书呆子”商标（如图4-53所示），指定使用在“学校（教育）；学校教育服务；函授课程；教学；培训；寄宿学校教育服务；辅导（培训）；职业再培训；传授技术（培训）；安排和组织会议”服务项目上。

书呆子

图4-53 “书呆子”商标

经查，“书呆子”是指沉溺于书籍而不通人情世故的人，常用作贬义，故该商标适用易产生不良影响予以驳回。

2.具有政治上不良影响的

（1）与我国党和国家领导人姓名相同或者近似的

【案例63】某公司申请的“华春华”商标（如图4-54所示），指定使用在“塑料包装容器；存储和运输用非金属容器；非金属筐；塑料周转箱；家具；办公家具；衣柜；药柜；食品用塑料装饰品；美容柜（家具）”商品上。

华春华

图4-54 “华春华”商标

经查，胡春华，男，汉族，2018～2023年任国务院副总理、党组成员，现任第十四届全国政协副主席、党组副书记。该商标易使人联想到“胡春华”，故适用易产生不良影响予以驳回。

【案例64】某公司申请的“时星家宝”商标（如图4-55所示），指定使用在“家具；床垫；床；木制或塑料制箱；工作台；镜子；竹木工艺品；

展示板；床用非金属附件；枕头”商品上。

时星家宝

图 4-55 “时星家宝”商标

经查，该商标含“家宝”，易使人联想到“温家宝”。温家宝，男，汉族，曾任第十七届中央政治局常委，国务院总理、党组书记。该商标含“家宝”，故适用易产生不良影响予以驳回。

(2)与公众知晓的其他国家、地区或者政治性国际组织领导人姓名相同或者近似的

【案例 65】某自然人申请的“白等曲线”商标(如图 4-56 所示)，指定使用在第 9、10、11、25、35 类商品和服务项目上。

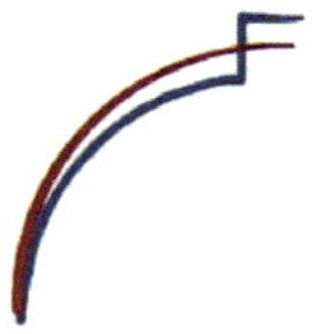

图 4-56 “白等曲线”商标

经查，“白等曲线”与“拜登曲线”谐音，与该商标图形对应，一般指拜登和特朗普竞选美国总统时的投票曲线图。故适用易产生不良影响予以驳回。

(3)有损国家主权、尊严、形象或者危害国家安全、破坏国家统一的

《国家安全法》规定：中华人民共和国公民、一切国家机关和武装力量、各政党和各人民团体、企业事业组织和其他社会组织，都有维护国家安全的责任和义务。中国的主权和领土完整不容侵犯和分割。维护国家主权、统一和领土完整是包括港澳同胞和台湾同胞在内的全

中国人民的共同义务。

【案例 66】某自然人申请的“达里尼”商标（如图 4-57 所示），指定使用在“清酒（日本米酒）；蒸馏饮料；烈酒（饮料）；葡萄酒；白兰地；威士忌；白酒；米酒；黄酒；酒精饮料（啤酒除外）”商品上。

达里尼

图 4-57 “达里尼”商标

经查，“达里尼”指大连，是俄语音译，大连沦为俄国租界时沙皇给大连改的名字。故适用易产生不良影响予以驳回。

【案例 67】某自然人申请的“BNO VISION”商标（如图 4-58 所示），指定使用在“通过互联网为他人发布广告；广告及广告材料分发（传单、小册子、散页印刷品和样品）；广告的制作和刊登；广告编辑、制作和传播；在网站上为商品和服务提供广告空间；广告咨询；通过电子通信网络为第三方进行在线传播形式的广告；广告设计；广告策划；广告版面设计”服务项目上。

BNO VISION

图 4-58 “BNO VISION”商标

经查，“BNO”一般指英国自 1987 年 7 月 1 日开始签发给中国香港居民当中具有英国国民海外身份的护照。因英国操弄 BNO 干涉我国内政，自 2021 年 1 月 31 日起我国不再承认“BNO”护照作为旅行证件和身份证明。该商标含“BNO”，故适用易产生不良影响予以驳回。

为防止我国国家名称的滥用，损害国家尊严，标志中含有与我国国家名称相同或者近似的文字，因与其他要素相结合，整体上已不再与我国国家名称相同或者近似的，应当适用该项禁止性规定。

【案例 68】某自然人申请的“CHNIN 传平”商标（如图 4-59 所示），

指定使用在“广告；广告策划；特许经营的商业管理；进出口代理；拍卖；为他人推销；为他人采购(为其他企业购买商品或服务)；人事管理咨询；会计；将信息编入计算机数据库”服务项目上。

图 4-59 “CHNIN 传平”商标

经查，该商标英文部分为“CHN”，“CHN”为中国(CHINA)的缩写，故适用易产生不良影响予以驳回。

【案例 69】某公司申请的“RBJX 润本匠心”商标(如图 4-60 所示)，指定使用在“个人用防事故装置；防事故、防辐射、防火用服装；防无线电干扰设备(电子)；电池；非医用 X 光产生装置和设备；防事故、防辐射、防火用鞋；婴儿监控器；智能手机用套；电阻材料；耐酸衣、裙”商品上。

图 4-60 “RBJX 润本匠心”商标

经查，“RBJX 润本匠心”无特殊含义。图形中模糊的文字部分与“中国”字样近似，故适用易产生不良影响予以驳回。

例外情形：

①标志中含有与我国国家名称相同或者近似的文字，但其描述的是客观存在的事物，一般不适用该项禁止性规定。

②标志中含有与我国国家名称相同或者近似的文字，但其整体是

报纸、杂志（期刊）名称，且与申请人名义一致，如申请人能证明其合法出版发行资格，则指定使用于报纸、期刊、新闻刊物等特定商品上，一般不适用该项禁止性规定。

【案例 70】某杂志社申请的“中国教育信息化”商标（如图 4-61 所示），指定使用在“报纸；杂志（期刊）；印刷品；海报；印刷出版物；宣传画；书籍；教学材料（仪器除外）；纸板；纸”商品上。

中国教育信息化

图 4-61 “中国教育信息化”商标

经查，《中国教育信息化》是教育部教育管理信息中心主办，国内外公开发行的国家级学术性期刊，创刊于 1995 年，曾用刊名《管理信息系统》《教育信息化》，2007 年更名为《中国教育信息化》。申请人回文提供了期刊出版许可证，故该商标使用在第 16 类“报纸、杂志（期刊）”商品上，如无他人在先权利，应准予初步审定；使用在第 16 类其他商品上系对国家名称滥用，易产生不良影响，予以驳回。

③标志中含有与我国国家名称相同或者近似的文字，但其整体是企事业单位简称，如果具备以下条件，则不以该项禁用规定为由予以驳回：申请人主体资格应当是经国务院或其授权的机关批准设立的；申请人名称应经名称登记机关依法登记；申请标志与申请人名称的简称一致，简称是经国务院或其授权机关批准；该标志经过申请人在实际中长期广泛使用，在相关公众的认知中，与申请人形成了唯一对应关系。

【案例 71】某协会申请的“中国优生优育协会 CAIBOCD · 1989”商标（如图 4-62 所示），指定使用在“广告；广告概念开发；商业管理辅助；商业管理和组织咨询；商业调查；公共关系；组织商业或广告展览；组织商品交易会；特许经营的商业管理；媒体关系服务”服务项目上。

图 4-62 “中国优生优育协会 CAIBOCD・1989”商标

经查，该协会是由原国家卫生部和原解放军总后勤部牵头发起创建的全国性、行业性、非营利性社会组织，现已脱钩，与该申请人名义一致，为社会团体法人，故该商标不适用易产生不良影响予以驳回。

④标志中含有我国国名，国名与其他显著部分相互独立，在整个标志构成中属于非主要部分或附属部分，仅起到真实表示商品或者服务来源国的作用，其注册使用一般不会对我国国家尊严、社会公共利益和公共秩序产生消极、负面影响的，可不适用该项禁用规定。

(4)与党的重要理论成就、科学论断、政治论述等相同、近似，或与国家战略、国家政策、党和国家重要会议等相同、近似，易使公众与之产生联想的

【案例 72】某公司申请的“两山绿链网”商标(如图 4-63 所示)，指定使用在“培训；安排和组织会议；安排专家讨论会；流动图书馆；书籍出版；广播和电视节目制作；娱乐服务；视频制作；通过全球计算机网络出版网站编辑内容；组织教育或娱乐竞赛”服务项目上。

两山绿链网

图 4-63 “两山绿链网”商标

经查，“两山”指绿水青山就是金山银山理念，“绿链”根据新闻报道，是指绿色供应链体系，乃“两山”理念落地的创新模式，故该商标适

用易产生不良影响予以驳回。

【案例 73】某公司申请的“小康健康”商标（如图 4-64 所示），指定使用在“健康保险承保；保险经纪；保险代理；保险信息和咨询；金融服务；艺术品估价；不动产估价；海关金融经纪服务；担保；募集慈善基金；信托；典当”服务项目上。

小康健康

图 4-64 “小康健康”商标

经查，“小康”含义为中国广大群众所享有的介于温饱和富裕之间比较殷实的生活状态，指向“小康社会”，是由邓小平在 20 世纪 70 年代末 80 年代初在规划中国经济社会发展蓝图时提出的战略构想，党的十八大报告首次正式提出全面建成小康社会。该商标含“小康”，故适用易产生不良影响予以驳回。

（5）由具有政治意义的数字等构成的

【案例 74】某自然人申请的“杨七七”商标（如图 4-65 所示），指定使用在“网络广播服务；通过互联网播放节目；播放电视购物节目；视频播送；音频广播；数字音频广播；互联网广播服务；互联网无线电广播服务；视频点播传输；播客视频传输”服务项目上。

杨七七

图 4-65 “杨七七”商标

经查，该商标含“七七”，易使人联想到“七七事变”，故适用易产生不良影响予以驳回。

【案例 75】某公司申请的“陆贰叁”商标（如图 4-66 所示），指定使用在“索；伪装网；伪装罩；帐篷；防尘罩布；阻燃布；运载工具非专用盖罩；苫布；蒙古包；编织袋”商品上。

陆贰叁

图 4-66 “陆贰叁”商标

经查，“陆贰叁”，易使人联想：a.广州“六二三”惨案，又名“沙基惨案”，为 1925 年 6 月 23 日英国士兵开枪镇压广州的游行队伍，造成严重伤亡的事件；b.1946 年 6 月 23 日上海人民革命力量发起的一次反内战运动，标志着上海人民反对美蒋统治的爱国民主运动的开始。故该商标适用易产生不良影响予以驳回。

（6）由具有政治意义的事件、地点名称等构成的

【案例 76】某公司申请的“解放碑”商标（如图 4-67 所示），指定使用在“香肠；食用海藻提取物；鱼制食品；蔬菜罐头；水果蜜饯；加工过的槟榔；泡菜；蛋；牛奶；豆奶；奶粉；以花生浆为主的饮料；食用油脂；果冻；鱼皮花生；干食用菌；豆腐制品；天然或人造的香肠肠衣”商品上。

解放碑

图 4-67 “解放碑”商标

经查，“解放碑”为“抗战胜利纪功碑暨人民解放纪念碑”的简称，位于重庆市渝中区解放碑商业步行街中心地带，是中国唯一一座纪念中华民族抗日胜利的纪念碑，同时也是重庆的地标性建筑。“解放碑”为具有政治意义的地点名称，故该商标适用易产生不良影响予以驳回。

【案例 77】某公司申请的“卢沟桥”商标（如图 4-68 所示），指定使用在“咖啡；蜂蜜；谷类制品；人食用的去壳谷物；米；面条；以谷物为主

的零食小吃；食盐；食用芳香剂；谷粉”商品上。

卢沟桥

图 4-68 “卢沟桥”商标

经查，“卢沟桥”亦称“芦沟桥”，位于北京市丰台区永定河，因横跨卢沟河而得名，是北京现存古老的石造联拱桥。另，1937 年 7 月 7 日日本在此发动全面侵华战争，史称“卢沟桥事变”（也称“七七事变”）。“卢沟桥”为具有政治意义的地点名称，故该商标适用易产生不良影响予以驳回。

【案例 78】某公司申请的“舒茶公社”商标（如图 4-69 所示），指定使用在“餐厅；帐篷出租；养老院；日间托儿所（看孩子）；动物寄养；饮水机出租；饭店；自助餐馆；寄宿处；茶馆”服务项目上。

舒茶公社

图 4-69 “舒茶公社”商标

经查，“舒茶公社”为“舒茶人民公社风景区”，位于安徽省舒城县舒城镇。1958 年 9 月 16 日，毛主席亲临安徽第一个、全国第二个成立的人民公社——舒茶人民公社视察，并发出“以后山坡上要多多开辟茶园”的号召。1968 年，舒茶人民发动万名群众建成梯田式茶园“青岗云梯”和毛主席视察舒茶纪念馆，现确立为市级重点文物保护单位和县青少年爱国主义教育基地。故该商标适用易产生不良影响予以驳回。

（7）与恐怖主义组织、邪教组织、黑社会组织或黑社会性质的组织名称或者其领导人物姓名相同或者近似的

【案例 79】某公司申请的“关东帮”商标（如图 4-70 所示），指定使用在“茶；甜食；蜂蜜；方便米饭；米；加工过的谷物；面条；以谷物为主

的零食小吃；食用淀粉；调味品”商品上。

关东帮

图 4-70 “关东帮”商标

经查，“关东帮”属于中药十三帮之一，是由来自东北地区及朝鲜的药商组成的帮会组织，活跃于我国清代全国性药材交易市场祁州药市（今河北安国）；另也可指“关东黑帮”，是日本黑帮组织之一。“关东帮”可指“关东黑帮”，故该商标适用易产生不良影响予以驳回。

【案例 80】某公司申请的“BLACK GOLD”商标（如图 4-71 所示），指定使用在“染色剂；颜料；食品用着色剂；印刷油墨；油漆；防腐蚀剂；天然树脂；清漆；涂料（油漆）；啤酒色素”商品上。

BLACK GOLD

图 4-71 “BLACK GOLD”商标

经查，“BLACK GOLD”整体可译为“黑金、石油”。“黑金”：a.“铑金”，是一种昂贵的稀有金属；b.“黑金政治”，指政治人物利用暴力和贿选等非法手段控制地方政治势力，以取得国家权柄和社会财富的一种政治现象。故该商标适用易产生不良影响予以驳回。

（8）其他具有政治不良影响的

【案例 81】某公司申请的“大团结”商标（如图 4-72 所示），指定使用在“干枣；加工过的坚果；以果蔬为主的零食小吃；水果蜜饯；加工过的水果；加工过的蔬菜；豆腐制品；肉；奶制品；蛋”商品上。

大团结

图 4-72 “大团结”商标

经查，“大团结”一般指大团结纸币，是第三套人民币10元券，现该纸币已停止在市场流通。“大团结”也容易让人联想到民族团结、世界团结等内容，故该商标适用易产生不良影响予以驳回。

【案例82】某公司申请的“民意”商标（如图4-73所示），指定使用在“水族池通气泵；矿井排水泵；石油专用泥浆泵；非陆地车辆用电动机；阀（机器部件）；压缩、抽吸和运送谷物用鼓风机或风扇；泵（机器）；空气压缩机；清洗设备；电焊设备”商品上。

图4-73 “民意”商标

经查，“民意”指人民群众的共同思想和意愿，故适用易产生不良影响予以驳回。

【案例83】某自然人申请的“客家将军”商标（如图4-74所示），指定使用在“广告；组织商业或广告展览；进出口代理；人员招收；特许经营的商业管理；市场营销；商业信息代理；文字处理；会计；寻找赞助”服务项目上。

图4-74 “客家将军”商标

经查，“客家将军”多指向客家籍将军，另检索到客家籍将军有：①陈奇涵（1897～1981），江西兴国人，最高人民法院原副院长，第九至第十一届中央委员，1955年被授予上将军衔；②萧华（1916～1985），江西兴国人，第六届全国政协副主席，中共第八、第十、第十一届中央委员，1955年被授予上将军衔；③赖传珠（1910～1965），江西赣县人，曾任原北京军区、沈阳军区政治委员，1955年被授予上将军衔。故该商标适用易产生不良影响予以驳回。

【案例 84】某自然人申请的“FASCES”商标（如图 4-75 所示），指定使用在“成品衣；婴儿全套衣；鞋；手套（服装）；皮带（服饰用）；童装；游泳衣；袜；围巾；帽”商品上。

图 4-75 “FASCES”商标

经查，“FASCES”在金山词霸中可译为“束棒”，其拉丁语译音为“法西斯”，原指中间插着一把斧头的“束棒”，是为古罗马执法官吏的权力象征，后被墨索里尼命名为法西斯政党，现一般指法西斯主义，象征强权、暴力、恐怖统治，对外侵略掠夺，是资本主义国家的极端独裁形式。故该商标适用易产生不良影响予以驳回。

3.对我国经济、文化、民族、宗教、社会易产生消极、负面影响，损害公共利益，扰乱公共秩序的

（1）与我国整体发展战略关系密切的国家级新区或国家级重点开发区域名称（含规范简称）等相同或者近似，有害于我国经济、社会公共利益的

【案例 85】某公司申请的“成德眉资”商标（如图 4-76 所示），指定使用在“包装纸；文具；描图纸；海报；胶版；雕版版画；纸或纸板制广告牌；平版印刷工艺品；印刷品；雕刻版”商品上。

成德眉资

图 4-76 “成德眉资”商标

经查，“成德眉资同城化”是成都都市圈建设的重点项目。在四川省政府于 2022 年 3 月 21 日批复同意的《成德眉资同城化综合试验区

总体方案》中，提到成都市、德阳市、眉山市、资阳市打造都市圈同城化发展试验田、经济区与行政区适度分离改革制度创新平台、新型城镇化高质量发展示范地。“成德眉资”指向重大城市发展战略，故该商标适用易产生不良影响予以驳回。

（2）与各国法定货币的图案、名称或者标记相同或者近似的

【案例 86】某公司申请的“格查尔”商标（如图 4-77 所示），指定使用在“教育信息；学校（教育）；教育；俱乐部服务（娱乐或教育）；安排和组织培训班；游乐园服务；玩具出租；现场表演；语言培训；教育测试”服务项目上。

格查尔

图 4-77 “格查尔”商标

经查，“格查尔”原指格查尔鸟，即凤尾绿咬鹃，属咬鹃目咬鹃科鸟类，是危地马拉的国鸟，也被称作“自由鸟”。另，“格查尔”为危地马拉官方货币单位，亦作为当地青年男女之间的互称，意同“亲爱的”。故该商标适用易产生不良影响予以驳回。

（3）标志中含有不规范汉字或系对成语的不规范使用，容易误导公众特别是未成年人认知的

【案例 87】某公司申请的“万众益心企业 Wan Zhong Yi Xin Enterprise”商标（如图 4-78 所示），指定使用在“会计；人事管理咨询；广告；商业企业迁移的管理服务；替他人推销；特许经营的商业管理；寻找赞助；通过网站提供商业信息；为商业或广告目的编制网页索引；药用、兽医用、卫生用制剂和医疗用品的批发服务”服务项目上。

图 4-78 “万众益心企业 Wan Zhong Yi Xin Enterprise”商标

经查，“万众益心”与“万众一心”结构相同、读音相近。《新华成语词典》“万众一心”释义为：wàn zhòng yī xīn 千万人一条心。形容很多人同心同德，团结一致。该商标中的“万众益心”是对成语“万众一心”的不规范使用，用作商标容易混淆人们特别是未成年人对成语中特定词汇的认知，易产生不良影响，不得作为商标使用。

【案例 88】某公司申请的“天德善品”商标（如图 4-79 所示），指定使用在“咖啡；茶；茶饮料；发酵茶；袋泡茶；蜂蜜；豆粉；非医用草本茶；糖；冲泡用菊花茶”商品上。

图 4-79 “天德善品”商标

经查，该商标中“德”字与标准写法不同，书法字典中无此类写法，系对汉字的不规范使用，适用易产生不良影响予以驳回。

【案例 89】某公司申请的“梦马”商标（如图 4-80 所示），指定使用在“钓鱼用具；棋；桌游器具；智能玩具；玩具车；拼图玩具；多米诺骨牌；玩具；积木（玩具）；大积木”商品上。

图 4-80 “梦马”商标

经查，该商标中“梦”字与标准写法不同，缺少笔画，书法字典中无此类写法，系对汉字的不规范使用，适用易产生不良影响予以驳回。

（4）有害于民族、种族尊严或者感情的

【案例 90】某公司申请的“眯缝眼炒鸡”商标（如图 4-81 所示），指定使用在“肉罐头；肉；肉冻；火腿；香肠；家禽（非活）；猪肉食品；小龙虾（非活）；鱼（非活）；腌制蒜”商品上。

经查，“眯缝眼”，顾名思义，就是眼睛小得只能看到一条缝了。“眯缝眼”关联到“中国人无法容忍眯眯眼模特辱华，这并非狭隘，更不是玻璃心碎一地”等词条。“眯眯眼”，又翻译成眯缝眼，德语是“schlitzaugen”，英语是“slit eyes”，是欧洲人对亚洲人眼睛的歧视性描述，也是对亚洲人的一种蔑称。这个名称在西方世界已经存在了超过100 年了，来源于清朝末年，欧美国家对于中国劳工和中国移民的歧视。该商标含“眯缝眼”，用作商标易产生不良影响，且含“炒鸡”，使用在指定商品上易使消费者产生误认。

图 4-81 “眯缝眼炒鸡”商标

【案例 91】某自然人申请的“僜人部落”商标（如图 4-82 所示），指定使用在“烹饪用花生浆；花生浆；食用花生油；加工过的花生；肉；鱼（非活）；鱼罐头；腌制水果；干蔬菜；花生酱”商品上。

僜人部落

图 4-82 “僜人部落”商标

经查，“僜人”俗称“僜巴人”，分布于我国西藏地区，是西藏地区人口最少的少数民族族群，有自己的语言但没有文字，尚未确认民族归属。西藏民主改革前，僜人因生活原始备受歧视，被蔑称为“猴子”“野人”，但现在僜人已经基本过上了小康生活。该商标含“僜人”，故适用易产生不良影响予以驳回。

（5）有害于宗教信仰、宗教感情或者民间信仰的

【案例 92】某自然人申请的图形商标（如图 4-83 所示），指定使用在“珠宝首饰；宝石；翡翠；手镯（首饰）；首饰用礼品盒；项链（首饰）；手串；未加工或半加工贵金属；贵金属制盒；贵金属制珠宝首饰”商品上。

图 4-83 图形商标

经查，该人物形象整体与我国道教神仙形象近似，且面部与孔子形象近似，故该商标适用易产生不良影响予以驳回。

【案例 93】某公司申请的“圣家堂”商标（如图 4-84 所示），指定使

用在“家具；镜子；木、蜡、石膏或塑料制艺术品；家具用非金属附件；枕头；窗用非金属附件；竹工艺品；画框；展示板”商品上。

圣家堂

图 4-84　“圣家堂”商标

经查，“圣家堂”为圣家族大教堂的简称，又称“神圣家族大教堂”，是位于西班牙加泰罗尼亚巴塞罗那的一座罗马天主教大型教堂，始建于 1882 年，为联合国世界文化遗产。故该商标适用易产生不良影响予以驳回。

(6)与我国各党派、政府机构、社会团体等单位或者组织的名称、标志相同或者近似的

【案例 94】某公司申请的“一二三玖学社”商标（如图 4-85 所示），指定使用在“组织文化或教育展览；组织体育比赛；组织文化艺术活动；教育；培训；组织表演（演出）；提供不可下载的在线电子出版物；娱乐服务；提供不可下载的在线视频；图书出租”服务项目上。

一二三玖学社

图 4-85　“一二三玖学社”商标

经查，“一二三玖学社”易使人联想到“九三学社”。“九三学社”为我国八大民主党派之一。故该商标适用易产生不良影响予以驳回。

(7)与我国党政机关、军队、警察等职务、职级、职衔名称相同的，易与上述特定主体产生联系，引起混淆或误导，损害公共利益、扰乱公共秩序的

本条中的党政机关通常包括中国共产党机关、人大机关、民主党派机关、政协机关、行政机关、审判机关、检察机关等。行政机关的职

务包括总理、部长、局(司)长、处长、科长、科员等;行政机关的职级包括巡视员、调研员等。军队的行政职务包括司令员、军长、师长、旅长、团长、营长、连长、排长等;军队的军衔包括将官三级即上将、中将、少将,校官四级即大校、上校、中校、少校,尉官三级即上尉、中尉、少尉等。警衔包括五等十三级,如总警监(副总警监)、警监、警督、警司、警员等。消防救援衔包括总监、副总监、助理总监、指挥长、指挥员、高级消防员、中级消防员、初级消防员等。海关关衔包括海关总监、海关副总监、关务监督、关务督察、关务督办、关务员等。外交衔级包括大使、公使、参赞、秘书、随员等。

【案例 95】某自然人申请的“星司令”商标(如图 4-86 所示),指定使用在“培训;安排和组织培训班;流动图书馆;书籍出版;电子书籍和杂志的在线出版;广播和电视节目制作;私人健身教练服务;健身指导课程;动物训练;组织彩票发行”服务项目上。

星司令

图 4-86 “星司令”商标

经查,该商标含“司令”,“司令”为军衔,故该商标适用易产生不良影响予以驳回。

(8)与我国突发公共事件特有词汇相同或者近似,扰乱公共秩序的

【案例 96】某自然人申请的“战义者”商标(如图 4-87 所示),指定使用在“广告;特许经营的商业管理;进出口代理;为零售目的在通信媒体上展示商品;文秘;为商品和服务的买卖双方提供在线市场;市场营销;会计;人事管理咨询;工商管理辅助”服务项目上。

ZHANYIZHE
战义者

图 4-87 “战义者”商标

经查，“战义者”与“战疫者”同音，故适用易产生不良影响予以驳回。

【案例 97】某自然人申请的“Lambda”商标（如图 4-88 所示），指定使用在“住所代理（旅馆、供膳寄宿处）；咖啡馆；自助餐厅；餐厅；饭店；餐馆；酒吧服务；茶馆；养老院；活动房屋出租”服务项目上。

Lambda

图 4-88 “Lambda”商标

经查，“Lambda”为希腊字母的第 11 个字，互联网检索结果可指向：a.“Lambda”计算机编程语言；b.拉姆达，是 2019 新型冠状病毒变异毒株，该毒株首先在秘鲁被发现。“Lambda”是 2019 新型冠状病毒变异毒株，故适用易产生不良影响予以驳回。

（9）与我国政治、经济、文化、社会发展关系密切的国家重大工程、重大科技项目等名称相同或者近似，由该申请人注册使用易对我国社会公共利益和公共秩序产生消极、负面影响的

【案例 98】某公司申请的“乌东德”商标（如图 4-89 所示），指定使用在“外科仪器和器械；牙科设备和仪器；医用 X 光装置；医用手套；婴儿用安抚奶嘴；由人造材料组成的外科移植物；缝合材料；腹带；紧身腹围；非化学避孕用具”商品上。

乌东德

图 4-89 “乌东德”商标

经查，“乌东德”主要有两种含义：a.镇名，位于云南省禄劝县境北部，国家级重点工程乌东德水电站建在该镇乌东德大峡谷中，乌东德水电站是中国第四、世界第七大水电站；b.中国首艘“运输＋起重”一体化深远海海上风电施工船名称。“乌东德”指向国家级重点工程乌东德水电站，故适用易产生不良影响予以驳回。

（10）与我国烈士姓名相同或者含有烈士姓名，容易使公众将其与烈士姓名产生联想的

《英雄烈士保护法》规定：“禁止歪曲、丑化、亵渎、否定英雄烈士事迹和精神。英雄烈士的姓名、肖像、名誉、荣誉受法律保护。任何组织和个人不得在公共场所、互联网或者利用广播电视、电影、出版物等，以侮辱、诽谤或者其他方式侵害英雄烈士的姓名、肖像、名誉、荣誉。任何组织和个人不得将英雄烈士的姓名、肖像用于或者变相用于商标、商业广告，损害英雄烈士的名誉、荣誉。”因此，与烈士姓名相同或者含有烈士姓名的标志，且容易使公众将其与烈士姓名产生联想的，一般应认定为具有不良影响。对于与烈士姓名相同或者含有烈士姓名的标志，应当结合该标志的构成要素、指定的商品服务、申请人所在地域与该烈士的关联程度等因素，综合判断该标志的注册和使用是否可能损害烈士的名誉、荣誉或产生其他不良影响。

【案例 99】某自然人申请的“金熙家”商标（如图 4-90 所示），指定使用在“咖啡；茶；糖果；蜂蜜；面包；寿司；面粉；意式面食；玉米花；佐料（调味品）”商品上。

金熙家

图 4-90 “金熙家”商标

经查，中华英烈网显示“金熙”为烈士。“家”显著性弱，突出“金熙”烈士含义，故适用易产生不良影响予以驳回。

【案例 100】某自然人申请的“小胡底”商标（如图 4-91 所示），指定使用在“首饰盒；未加工或半加工贵金属；首饰包；玛瑙；珠宝首饰；手表；钟；计时仪器；半宝石；宝石”商品上。

小胡底

图 4-91 “小胡底”商标

经查，“胡底”为原国家政治保卫局侦查部部长，与李克农、钱壮飞战斗在敌人的要害部门，被周恩来给予“龙潭三杰”的赞誉，1935 年红军长征途中惨遭张国焘杀害，后世为纪念，设立胡底烈士纪念馆；1945年，胡底被载入中共中央组织部和中央军委总政治部编印的《死难烈士英名录》中；1981 年 12 月 8 日，胡底被民政部追认为“革命烈士”，被编入《革命烈士英名录》中，故适用易产生不良影响予以驳回。

例外情形：

①标志本身有其他含义，不易使社会公众与烈士姓名产生联想，不易损害烈士荣誉名誉和公众的爱国情怀的，可不适用前款规定。

【案例 101】某公司申请的“武力”商标（如图 4-92 所示），指定使用在“运载工具用蓄电池；蓄电池箱；电池充电器；原电池；电池；蓄电池；光伏电池；太阳能电池；蓄电瓶；电瓶”商品上。

武力

图 4-92 “武力”商标

经查，“武力”指军事力量，也指强暴的力量。中华英烈网显示“武力”为烈士。“武力”本身有其他含义，故不适用易产生不良影响驳回。

【案例 102】某公司申请的“澎湃”商标（如图 4-93 所示），指定使用在“爬山鞋；鞋（脚上的穿着物）；靴；鞋；运动鞋；运动靴；登山靴；旅行靴；足球靴；骑自行车短靴”商品上。

澎湃

图 4-93 “澎湃”商标

经查，“澎湃”有多重含义：a.形容波浪互相撞击；b.比喻声势浩大，气势雄伟；c.中华英烈网显示“澎湃”为我国烈士姓名。“澎湃”本身有其他含义，故不适用易产生不良影响驳回。

②标志本身为申请人姓名、企业字号、社会组织简称，虽与烈士姓名相同，但不易使社会公众与烈士姓名产生联想，不易损害烈士荣誉、名誉和公众的爱国情怀的。

【案例 103】某自然人申请的“金福春”商标（如图 4-94 所示），指定使用在“茶饮料；谷类制品；糖果；茶汤面；包子；米；糕点；咖啡；调味品；茶”商品上。

金福春

图 4-94 “金福春”商标

经查，中华英烈网显示“金福春”为烈士。该申请人提交的营业执照显示,该个体工商户字号为“金福春”,该批次商标为申请人个体工商户字号,故不适用易产生不良影响驳回。

③标志虽与烈士姓名相同或者含有烈士姓名,但无法与特定烈士形成对应关系的(如周班长、陈先生、熊氏、周木匠),不易损害烈士荣誉、名誉和公众的爱国情怀的,可不适用前款规定。

【案例 104】某自然人申请的“姚氏醉蟹”商标(如图 4-95 所示),指定使用在第 31 类“活螃蟹;活动物;贝壳类动物(活的);活鱼;活家禽;虾(活的);甲壳动物(活的);软体动物(活的);海参(活的);蛤(活的)”商品上。

图 4-95 “姚氏醉蟹”商标

经查,“姚氏”一般通指“姚姓人士”,中华英烈网显示“姚氏”为烈士姓名。该商标不易使人联想为烈士,故该商标不适用易产生不良影响驳回。

(11)其他对我国经济、文化、民族、宗教、社会公共利益和公共秩序易产生不良影响的,除上述类型外,其他可能造成不良影响的标志适用本项禁用规定

【案例 105】某公司申请的“梅澜芳华”商标(如图 4-96 所示),指定使用在“印制的海报;纸;图画;平版印刷工艺品;印刷品;印刷出版物;纸手帕;文具;包装用纸袋或塑料袋(信封、小袋);贺卡”商品上。

梅澜芳华

图 4-96 “梅澜芳华”商标

经查,“梅澜芳华”为国家博物馆举办的梅兰芳艺术人生展的名称,故该商标适用易产生不良影响予以驳回。

【案例 106】某自然人申请的“茶民晴”商标(如图 4-97 所示),指定

使用在“广告；通过网站提供商业信息；特许经营的商业管理；计算机网络上的在线广告；为商品和服务的买卖双方提供在线市场；为零售目的在通信媒体上展示商品；市场营销；替他人推销；商业管理咨询；寻找赞助”服务项目上。

茶民晴

图 4-97 “茶民晴”商标

经查，“茶民晴”与“察民情”读音相同，故该商标适用易产生不良影响予以驳回。

【案例 107】某自然人申请的“赤旗”商标（如图 4-98 所示），指定使用在“米酒；白酒；谷物制蒸馏酒精饮料；黄酒；烧酒；葡萄酒；食用酒精；蒸馏饮料；含酒精的饮料（啤酒除外）；果酒”商品上。

赤旗

图 4-98 “赤旗”商标

经查，“赤旗”有以下含义：a.红色的旗帜；b.比喻鲜明的旗号；c.象征无产阶级或无产阶级革命；网络检索“赤旗”，多指向李大钊的名言：“试看将来的环球，必是赤旗的世界。”鉴于“赤旗”的释义，故该商标适用易产生不良影响予以驳回。

（九）含有地名的商标

1.含有县级以上行政区划地名的商标的审查审理

标志由县级以上行政区划的地名构成，或者含有县级以上行政区划的地名，通常不得作为商标。

【案例 108】某公司申请的“广州酒家”商标（如图 4-99 所示），指定使用在“肉脯；水果罐头；以水果为主的零食小吃；蔬菜色拉；蛋；奶；食用油脂；加工过的坚果；以果蔬为主的零食小吃；食品用果冻”商品上。

经查，“广州酒家”无特殊含义，含“广州”。“广州市”，简称“穗”，别称羊城、花城、五羊城，是广东省辖地级市，广东省省会、副省级市、国家中心城市、超大城市、广州都市圈核心城市，国务院批复确定的中国重要的中心城市、国际商贸中心和综合交通枢纽。该商标适用以“该商标含‘广州’，为我国县级以上行政区划名称，无其他含义，不得作为商标使用”予以驳回。

图 4-99 “广州酒家”商标

【案例 109】某公司申请的“铜山里”商标（如图 4-100 所示），指定使用在“咖啡豆烘烤机；电咖啡渗滤壶；电力煮咖啡机；电热水壶；冷热饮料机（加热或制冷）；电热咖啡壶；电动咖啡豆烘烤机；电动咖啡机；制浓缩咖啡的电咖啡机；咖啡豆烘烤炉”商品上。

经查，“铜山里”无特殊含义。“铜山区”，古称彭城郡，隶属于江苏省徐州市，因境内微山湖中铜山岛而得名。该商标适用以“该商标含‘铜山’，为我国县级以上行政区划名称，无其他含义，不得作为商标注册和使用”予以驳回。

图 4-100 “铜山里”商标

但有下列情形之一的除外：

（1）地名具有其他含义且该含义强于地名含义的

（2）商标由地名和其他文字构成而在整体上具有强于地名含义的其他含义的

【案例 110】某公司申请的“西沙湾 WEST GULF”商标（如图 4-101 所示），指定使用在“蚝油；鱼露；调味品；酱油；醋；年糕；包子；面粉制丸子；米粉（粉状）；冰淇淋茶；蜂蜜”商品上。

图 4-101 “西沙湾 WEST GULF”商标

经查，“西沙湾”一般指福建省泉州市惠安县崇武镇西沙湾，地处著名的崇武海滨，区内拥有 2000 多米长的优质沙滩及有“天下第一奇庙”之称的解放军烈士庙，还有丰富多彩的民俗风情和杂技表演。该商标整体含义强于县级以上行政区划地名，不以地名驳回，如无他人在先权利，应准予初步审定。

（3）商标由两个或者两个以上行政区划的地名的简称组成，且不会使公众发生商品产地等特点误认的

但容易使消费者对其指定商品的产地或者服务内容等特点发生误认的，适用《商标法》第十条第一款第七项的规定予以驳回。

（4）商标由省、自治区、直辖市、特别行政区，省会城市、计划单列市、著名的旅游城市以外的地名的拼音形式构成，且不会使公众发生商品产地误认的

【案例 111】某公司申请的“博林艺术馆 FUJIAN BOLIN ART GALLERY”商标（如图 4-102 所示），指定使用在“保险经纪；珠宝估价；艺术品估价；海关金融经纪服务；受托管理；典当经纪；典当金融咨询；资本投资；贵重物品存放”服务项目上。

图 4-102 “博林艺术馆 FUJIAN BOLIN ART GALLERY”

经查，该商标无特殊含义。“FUJIAN”为“福建”的汉语拼音形式。该商标不以地名驳回，如无他人在先权利，应准予初步审定。

(5)商标由组成地名的文字和其他文字构成，整体构成有别于地名，不易使消费者联想到地名，亦不易导致产地误认的

2.含有公众知晓的外国地名的商标的审查审理

标志由公众知晓的外国地名构成，或者含有公众知晓的外国地名的，不得作为商标。

【案例 112】某公司申请的“德科隆”商标（如图 4-103 所示），指定使用在“金属铰链；金属锁（非电）；金属门把手；金属合页；挂衣杆用金属钩；家具用金属附件；床用金属附件；门用金属附件；小五金器具；五金器具”商品上。

德科隆

图 4-103 “德科隆”商标

经查，“德科隆”无特殊含义。“科隆”一般指科隆市，是德国的第四大城市，仅次于柏林、汉堡和慕尼黑。该商标适用以“含‘科隆’，为公众知晓的外国地名，不得作为商标使用”予以驳回。

但商标由公众知晓的外国地名和其他文字构成，整体具有其他含义且使用在其指定商品上不会使公众对商品产地产生误认的除外。

3.商标所含地名与其他具备显著特征的要素相互独立，地名仅起真实表示申请人所在地作用的除外

【案例 113】某公司申请的“COLLINES DE PROVENCE”商标(如图 4-104 所示)，指定使用在“蜡烛；香味蜡烛；照明用蜡烛芯；灯芯；照明燃料；灯油；石蜡；蜡烛芯”商品上。

COLLINES
DE PROVENCE

图 4-104 “COLLINES DE PROVENCE”商标

经查，“PROVENCE”可译为“普罗旺斯”，是法国东南部的一个地区，是薰衣草的故乡。该商标设计说明为：“COLLINES DE PROVENCE：整体无含义。PROVENCE：普罗旺斯，法国东南部大区，字体较小，仅起到指示产地的作用”。该商标中“PROVENCE”字体较小，为非显著部分，仅起到真实表示商品来源的作用。该商标不以公众知晓的外国地名驳回，如无他人在先权利，应予以初步审定。

【案例 114】某公司申请的“LLOYD GERMANY 1888”商标(如图 4-105 所示)，指定使用在“电话套；智能手机用保护套；眼镜；太阳镜；眼镜盒；眼镜框；眼镜链；眼镜袋”商品上。

LLOYD
GERMANY 1888

图 4-105 “LLOYD GERMANY 1888”商标

经查，“LLOYD”为人名，译为“劳埃德”，“GERMANY”为德国国名，申请人地址为：“德国，苏莉准，汉斯亨民美亚街 1 号。”该商标中“GERMANY”仅起真实表示申请人所属国作用，该商标如无他人在先权利，应准予初步审定。

4.地名作为集体商标、证明商标组成部分的除外

5.“地市级以上行政区划地名＋公共事业名称”标志的审查审理标准

标志由“地市级及以上行政区划地名＋公共事业名称”组成，申请人及申请标志同时具备以下条件的，可予以初步审定：

（1）申请人主体应当依法登记，资产投入主体是国有资产管理部门的国有企业，提交商标注册申请应获得上级主管部门的授权。

（2）标志名称应与申请人企业名称的简称一致，构成形式为“行政区划地名＋公共事业名称”或者“行政区划地名＋公共事业名称＋其他要素”。

（3）申请指定使用的商品或者服务对应的行业为关系国计民生的公共事业，如燃气、电力、地铁、高速等。

（4）申请标志在实际中经过了长期的使用，与申请人主体在相关公众中形成了唯一对应关系。

【案例 115】西宁公交集团有限责任公司申请的“西宁公交XINING BUS”商标（如图4-106所示），指定使用在“技术研究；研究和开发新产品；计算机编程；计算机硬件设计和开发咨询；计算机软件维护；计算机系统设计；计算机平台的开发；手机应用软件的设计和开发；数据处理用计算机程序的开发和创建；计算机软件开发”服务项目上。

图4-106 “西宁公交XINING BUS”商标

“西宁公交”是服务于西宁市的城市公共交通运输系统，隶属于西宁公交集团有限责任公司。且申请人提交了西宁市政府国有资产监督管理委员会出具的同意西宁公交集团有限公司将“西宁”地理名称用于商标注册的文件。申请人提供的证据有效。“西宁公交 XINING BUS”可作为该申请人对外经营的规范简称，该商标如无他人在先权利，应准予初步审定。

第五章　缺乏显著特征的案例

一、法律依据

《商标法》

第十一条　下列标志不得作为商标注册：

（一）仅有本商品的通用名称、图形、型号的；

（二）仅直接表示商品的质量、主要原料、功能、用途、重量、数量及其他特点的；

（三）其他缺乏显著特征的。

二、法律释义

《商标法》第十一条是对商标禁止注册的规定，缺乏显著特征的标志不可作为商标注册，但并非绝对禁止，而是相对禁止，经过使用取得显著特征的可以作为商标注册。

商标的显著特征，即商标的显著性，是商标标志获得商标注册的重要要件。商标的显著特征是指商标应当具备的足以使相关公众区分商品或者服务来源的特征，具体来讲，是指商标能够使消费者识别、记忆，可以发挥指示商品或者服务来源的功能与作用。商标的显著性可以通过两种方式取得：固有显著性和通过使用获得显著性。固有显著性是商标本身具有的，通过使用获得显著性则是商标本身通过不断地实际使用获得的。

判断商标是否具有显著特征，除了要考虑商标标志本身的含义、呼叫和外观构成，还要结合商标指定的商品或者服务、商标指定商品或者服务的相关公众的认知习惯、商标指定商品或者服务所属行业的实际使用情况等，进行具体的、综合的、整体的判断。

三、案例分析

（一）仅有本商品的通用名称、图形、型号的

"本商品"是指商标注册申请指定的具体商品或者服务。"通用名称、图形、型号"是指国家标准、行业标准规定的或者约定俗成的名称、图形、型号，其中包括全称、简称、缩写、俗称，经注册登记的植物新品种也为通用名称。认定是否属于本商品或者服务的通用名称、图形、型号有两个途径：一是依照法律规定或者国家标准、行业标准；二是看在相关公众的认知中是否已约定俗成或已普遍使用。一般以全国范围内相关公众的通常认识为判断标准。对于由于历史传统、风土人情、地理环境等原因形成的相关市场较为固定的商品或者服务，在该相关市场内通用的称谓、图形、型号，也可以认定为通用名称、图形、型号。

"仅"是指申请注册的商标中除本商品或者服务的通用名称、图形、型号以外并无其他构成要素。

商品或者服务的通用名称、图形、型号因其在行业内或公众中被广泛使用，显然不具有区别不同生产者和经营者的商品或者服务的功能，不具备显著特征。而且，此类标志应由本行业的生产者或经营者

在其生产或经营活动中共同使用，而不应由某个生产者或经营者独占使用，允许此类标志作为商标注册，容易引起争议，从而扰乱公平竞争的市场秩序，故应予禁止注册。

1.仅有本商品或服务的通用名称

【案例 116】某自然人申请的“三大炮”商标（如图 5-1 所示），指定使用在“以米为主的零食小吃；包子；面粉制丸子；年糕；生糯粉；面条为主的预制食物；以谷物为主的零食小吃；茶；甜食；主要由米制成的冻干食品”商品上。

三大炮

图 5-1 “三大炮”商标

经查，“三大炮”是四川省成都市的一道传统小吃，属于川菜系。三大炮的主要食材为糯米、红糖、芝麻、黄豆。由于在抛扔糯米团时，三大炮如“弹丸”一样，发出“当当当”的响声，分为“铁炮”“火炮”“枪炮”，故名总称“三大炮”。三大炮有香甜可口、不腻不黏、价廉物美的优点。该标志申请使用的商品多为以米、面、谷物为原材料的食品，且鉴于“三大炮”为民间传统小吃，不宜一家独占，故应以“仅有商品的通用名称”为由驳回。

2.仅有本商品或服务的通用型号

【案例 117】某公司申请的“REXC900”商标（如图 5-2 所示），指定使用在“报警器；网络通信设备；太阳能电池；工业遥控操作用电气设备；感应器（电）；温度指示计；运载工具用恒温器；计时器（时间记录装置）；变压器（电）；电及电子视频监控设备”商品上。

REXC900

图 5-2 “REXC900”商标

经查，“REXC900”为REX-C系列温控器型号，该系列智能工业调节仪/温度控制器是采用专用微处理器的多功能调节仪表，它采用开关电源和表面贴装技术，并具有自诊断功能、自鉴定功能和智能控制功能，性能可靠。该标志申请使用的商品均涉及温度感知、调节功能，且商品通用型号不宜一家独占，故应以“仅有商品的通用型号”为由驳回。

3.仅有本商品或服务的通用图形

【案例118】某公司申请的图形商标（如图5-3所示），指定使用在“印刷电路；集成电路；芯片（集成电路）；印刷电路板；电子芯片；半导体；方铅晶体（检波器）；纤维光缆；电测量仪器；精密测量仪器”商品上。

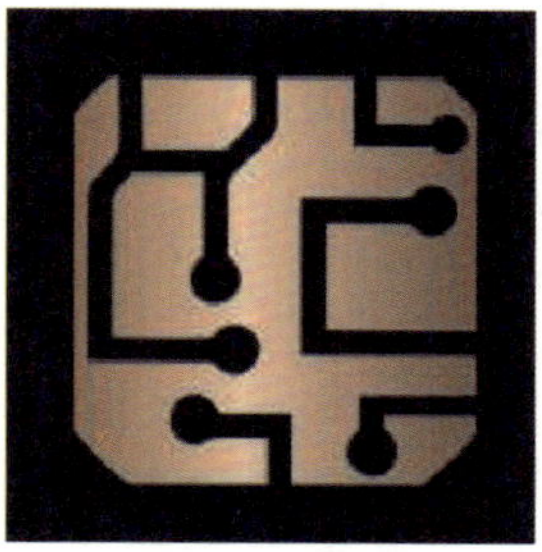

图5-3 图形商标

经查，该标志与电子芯片平面图样高度近似，具备电子芯片、电路板等商品的外观特征，可直接表现为电子类相关商品的通用图形，不应由某个生产者或经营者独占使用，允许此类标志作为商标注册，容易引起争议，故应以“仅有本商品的通用图形”为由驳回。

（二）仅直接表示商品的质量、主要原料、功能、用途、重量、数量及其他特点的

“仅直接表示”是指申请商标仅由对指定商品或者服务的质量、主要原料、功能、用途、重量、数量及其他特点，具有直接说明性和描述性

的标志构成，或者商标虽然包含其他构成要素，但整体上仅直接表示。

判断“仅直接表示”必须结合商标指定的商品或者服务、相关公众的认知习惯等因素，不能机械地以其包含直接说明性和描述性要素进行认定，商标整体上是对指定的商品或者服务特点的描述的，才会被禁止注册。

“质量”是指商品或者服务的优劣程度，如“一流”“顶级”“优秀”等。

“主要原料”是指商品的主要成分或主要的经加工、半加工的材料，如“西柚”（指定商品：果汁饮料）、“羊毛”（指定商品：地毯）。

“功能”“用途”是指商品或者服务所发挥的作用等，如“载重”（指定商品：汽车）、“清洁”（指定服务：家政服务）、“物流”（指定服务：运输）。

“重量”是指商品或者服务的轻重，一般以重量单位来表示，如“克拉”（指定商品：珠宝）、“三十吨”（指定服务：运输服务）。

“数量”表示商品或者服务的多少，如“2 副”（指定商品：扑克牌）、“两顿”（指定服务：餐馆、饭店）。

“其他特点”是指对商品或者服务的价格、尺码、风味、使用方法、内容、生产工艺、技术特点、销售场所等的说明或描述。如“9 元 9”（指定商品：家用或厨房用容器）、“麻辣”（指定服务：餐饮）、“超肥大”（指定商品：衣服）、“机绣”（指定商品：服装）。

直接表示商品或者服务的质量、主要原料、功能、用途、重量、数量及其他特点的标志通常无法将商品或者服务来源区别开来，故缺乏商标显著特征。而且，此类标志系有关行业的生产者和经营者经常用来描述其商品或者服务，应由本行业公用，不宜被某一家独占使用，允许此类标志作为商标注册，容易引起争议，从而扰乱公平竞争的市场秩序，故应予禁止注册。

1.仅直接表示商品或服务的质量

【案例 119】某自然人申请的“陈茶壹號”商标(如图 5-4 所示),指定使用在“茶;茶饮料;作咖啡代用品的植物制剂;糖;龟苓膏;糕点;寿司;谷类制品;食用淀粉;调味品”商品上。

陈茶壹號

图 5-4 “陈茶壹號”商标

经查,“陈茶”指的是将上年甚至更长时间采制加工而成的茶叶,即使保存严妥,茶性良好,也统称为“陈茶”。现实生活中,普洱茶、沱茶、黑茶等几种茶叶,只要存放得当,越陈则品质越好。“壹號”则可表示排名顺序,易使消费者联想为品质第一或销售量排名第一。该标志申请使用的商品包含茶、茶饮料,故应以“仅直接表示商品的质量”为由驳回。

2.仅直接表示商品或服务的原料

【案例 120】某公司申请的“EPDM”商标(如图 5-5 所示),指定使用在“地毯;席;体操训练垫;带有纺织品覆盖物的墙纸;健身用垫;人工草坪;非纺织品制墙纸;乙烯地板覆盖物;橡胶地垫;铺设在娱乐场所的人工草皮”商品上。

EPDM

图 5-5 “EPDM”商标

经查,“EPDM”一般指三元乙丙橡胶,是乙烯、丙烯和少量的非共轭二烯烃的共聚物,是乙丙橡胶的一种,以“EPDM”表示,具有耐臭氧、耐热、耐老化的特点,广泛应用于汽车部件、建筑用防水材料、电线电缆护套、耐热胶管等领域。该标志申请使用的商品含橡胶制品,且

“EPDM”为建材领域内通用简称，不宜由某个生产者或经营者独占使用。故应以“仅直接表示商品的原料”为由驳回。

3.仅直接表示商品或服务功能、用途

【案例 121】某公司申请的“喵肥狗壮”商标（如图 5-6 所示），指定使用在“宠物食品；宠物饮料；猫粮；狗用食品；宠物零食；猫砂；宠物用砂纸（垫窝用）；动物食品；宠物用香砂；动物栖息用干草”商品上。

喵肥狗壮

图 5-6 “喵肥狗壮”商标

经查，“喵肥狗壮”从字面意思即可理解为对猫狗养护得当，使猫狗健康强壮。该标志申请使用的商品均为宠物食品、饮料等宠物用品，易使消费者理解为其商品具有使宠物健康强壮的功能，故应以“仅直接表示商品的功能、用途”为由驳回。

4.仅直接表示商品或服务的重量

【案例 122】某公司申请的“三两八”商标（如图 5-7 所示），指定使用在“猪肉食品；肉汤；家禽（非活）；小龙虾（非活）；土豆片；腌制蔬菜；咸菜；加工过的花生；木耳；腐皮”商品上。

三两八

图 5-7 “三两八”商标

经查，“两”为我国古代的重量计量单位，二十四铢重一两，十六两重一斤。“钱”亦为市制重量单位，一市两的十分之一为一市钱。按我国民间交易习惯，“三两八”一般指重三两八钱，该标志申请使用的商品均为以称重方式计量价款的商品，用作商标易使消费者认为所购买商品重量为三两八钱。故应以“仅直接表示商品的重量”为由驳回。

5.仅直接表示商品或服务的数量

【案例 123】某公司申请的“叁个”商标（如图 5-8 所示），指定使用在“海米；海参（非活）；牡蛎（非活）；鱼（非活）；贝壳类动物（非活）；龙虾（非活）；虾酱；鱼子酱；鱼片；蛤（非活）”商品上。

叁个

图 5-8 “叁个”商标

经查，“叁”为数词“三”的大写，虽在日常生活中“叁”的使用频率较低，但从一般消费者的视角出发，“叁个”即为“三个”，且该标志申请使用的商品大多可以“个”为基本计量单位，无法体现出商标应具有的显著性特征，故应以“仅直接表示商品的数量”为由驳回。

6.仅直接表示商品或服务的使用对象

【案例 124】某公司申请的“老爷爷零食”商标（如图 5-9 所示），指定使用在“肉干；鱼片；鱼制食品；水果蜜饯；以水果为主的零食小吃；柿饼；以果蔬为主的零食小吃；腌制蔬菜；加工过的甜玉米粒；酱菜；海菜；加工过的坚果；干食用菌；加工过的水果；水果干粉；已调味的坚果；泡菜；虾（非活）；海参（非活）；鱿鱼（非活）”商品上。

老爷爷零食

图 5-9 “老爷爷零食”商标

经查，“老爷爷零食”从字面意思理解，极易使消费者将该商品联想为适用于老人食用的零食，直接表示了该商品的使用对象，故应以“仅直接表示商品的使用对象”为由驳回。

7.仅直接表示商品或服务的价格

【案例 125】某公司申请的“百元屋”商标（如图 5-10 所示），指定使用在“广告；进出口代理；人员招收；商业企业迁移；会计；特许经营的商业管理；为商品和服务的买卖双方提供在线市场；商业管理辅助；替他人推销；寻找赞助”服务项目上。

百元屋

图 5-10 “百元屋”商标

经查，“百元屋”与“一元超市”“两元店”等市场常见经营模式高度近似。消费者在进行消费时，价格往往是其所要考量的一个主要因素，该标志所含的“百元”可直接表示为买卖商品或服务的价格，故应以“仅直接表示服务的价格为由”驳回。

8.仅直接表示商品或服务的口味

【案例 126】某公司申请的“鲜美农品”商标（如图 5-11 所示），指定使用在“牛肉；牛肉干；牛奶；牛奶制品；羊肉；羊奶；羊乳制品；鸡肉；鸡蛋；冷藏的炸鸡肉”商品上。

鲜美农品

图 5-11 “鲜美农品”商标

经查，“鲜美”为形容词，新鲜美味，一般形容食物味道好。“农品”一般泛指“农产品”，农业生产中的物品。因此，该标志整体可理解为新鲜美味的农产品，使用在指定的食品类商品上直接体现了商品的口味，故应以“仅直接表示商品的口味”为由驳回。

9.仅直接表示商品或服务的生产工艺

【案例 127】某自然人申请的“九窨”商标（如图 5-12 所示），指定使用在“茶；白茶；茶叶；铁观音茶；乌龙茶；茉莉花茶；红茶；花茶；青茶；绿茶”商品上。

九窨

图 5-12 “九窨”商标

经查，“窨”为花茶加工的一道工序，就是将鲜花与茶叶充分混合在一起，然后在适度的环境下存放一段时期，让茶叶充分吸附鲜花的香气，这个过程就是窨制。高档茉莉花茶可多到九窨。结合该标志申请使用的商品均为不同品种的茶，故应以“仅直接表示商品的生产工艺”为由驳回。

10.仅直接表示商品或服务的内容

【案例 128】某自然人申请的“粤省购”商标（如图 5-13 所示），指定使用在“商业管理辅助；会计；人事管理咨询；广告；商业企业迁移的管理服务；为他人推销；计算机数据库信息系统化；特许经营的商业管理；寻找赞助；医疗用品零售或批发服务”服务项目上。

粤省购

图 5-13 “粤省购”商标

经查，“粤”为广东省的简称，“粤省购”易使消费者联想为在广东省购物或是提供广东省的代购服务，作为商标仅直接体现了提供服务的所包含的内容，故应以“仅直接表示服务的内容”为由驳回。

11.仅直接表示商品或服务的风格特点

【案例 129】某公司申请的“极简物语”商标（如图 5-14 所示），指定使用在“化妆品；洗面奶；化妆洗液；香精油；草本化妆品；香水；浴液；洗发液；洁肤乳液”商品上。

极简
物语

图 5-14 “极简物语”商标

经查，“极简”一般指向极简主义，是生活及艺术的一种风格，本意在于极力追求简约，并且拒绝违反这一形态的任何事物，现多用于描述年轻人的生活态度或是一种家居装修风格。“物语”意即故事、传说，为日本散文作品或小说的一种载体。整体组合后仅直接表示了商品的设计风格与设计语言，故应以“仅直接表示商品的风格特点”为由驳回。

（三）其他缺乏显著特征的

其他缺乏显著特征的标志，是指前述两项规定以外的、依照社会通常观念，作为商标使用在指定商品或者服务上不具备商标的显著特征的标志。

常见类型主要包括以下几种：

商标过于简单或者过于复杂的。如过于简单的线条、普通几何图形、一个或两个普通表现形式的字母，或者过于复杂的文字、图形、数字、字母或上述要素的组合等。

表示商品或者服务特点的短语或者句子，或者普通广告宣传用语。此类句子或短语，相关消费者通常不会将其视为指示商品或者服务来源的标志，不具备商标的显著特征。

日常商贸场所、用语或标志。这些商业贸易常用的场所、语言或标志，缺乏显著特征。

常用祝颂语和日常用语、网络流行词汇及表情包、常用标志符号、节日名称、格言警句等。这些在日常生活中经常被大众使用，消费者通常不会将其视为指示商品或者服务来源的标志，不具备商标的显著特征。

随着市场经济的发展和网络的日益发达，商标的表现形式多种多样，难以穷尽所有类型，是否具备显著性还需结合经济社会发展、大众相关认知等各个方面综合研判。

1.过于简单的数字

【案例 130】某公司申请的算式商标（如图 5-15 所示），指定使用在

“未加工合成树脂；感光照相板；肥料；酒精；食物防腐用化学品；建筑工业用黏合剂；水净化用化学品；活性炭；皮革表面处理用化学制品；除杀真菌剂、除草剂、杀虫剂、杀寄生虫剂外的农业化学品”商品上。

图 5-15　算式商标

经查，“$\sqrt{1}$”是指对 1 进行开方运算的数学算式，且依据开方运算，$\sqrt{1}=1$。该商标仅由简单数字与通用数学算式构成，用作商标无法帮助消费者区分不同来源的商品或服务，缺乏商标应有的显著特征，故应以“该商标图样过于简单，缺乏显著特征”为由驳回。

2.过于复杂的图形

【案例 131】某公司申请的“LANDBASE”商标（如图 5-16 所示），指定使用在“广告；在通信媒体上出租广告时间；商业管理咨询；工商管理辅助；为第三方进行商业贸易的谈判和缔约；为他人推销；市场营销；人事管理咨询；将信息编入计算机数据库；会计”服务项目上。

图 5-16　“LANDBASE”商标

经查，该标志由英文“LANDBASE”与背景图片构成，其中，背景图片中含有较多构图元素，整体设计过于复杂，无法使消费者便捷高效地辨别所提供的商品与服务，故应以“该商标图样过于复杂，缺乏显著特征”为由驳回。

3.普通广告宣传用语

【案例 132】某公司申请的“桃不掉的誘惑”商标(如图 5-17 所示),指定使用在“加工过的坚果;酸奶;牛奶制品;牛奶饮料(以牛奶为主);蛋;腌制蔬菜;以果蔬为主的零食小吃;水果片;蜜饯水果;水果罐头”商品上。

图 5-17 “桃不掉的誘惑”商标

经查,“桃不掉的誘惑”读音易使消费者联想到“逃不掉的诱惑”,整体可作为广告用语在宣传推广中使用,不具备商标应有的显著特征,故应以“该商标仅由普通广告宣传用语构成,缺乏显著特征”为由驳回。

4.常用祝颂语

【案例 133】某公司申请的“财源到”商标(如图 5-18 所示),指定使用在“锅巴;以谷物为主的零食小吃;以米为主的零食小吃;糕点;麻花;糖蜜;包子;谷类制品;咖啡;茶”商品上。

图 5-18 “财源到”商标

经查,“财源到”仅根据字面意思即易使消费者理解为财源滚滚,而财源滚滚指做的买卖蒸蒸日上,每天的客人源源不断,形容财富积累得很轻松而且速度快,通常用于祝颂他人。颂语因在日常生活中频繁使用,已无法作为商标用于区分不同的商品与服务,故应以“该商标仅由常用祝颂语构成,缺乏显著特征”为由驳回。

5.网络流行用语

【案例 134】某公司申请的“路人王”商标（如图 5-19 所示），指定使用在“婴儿全套衣；鞋；帽；袜；手套（服装）；围巾；腰带；婚纱；游泳衣；鞋（脚上的穿着物）”商品上。

路人王

图 5-19 “路人王”商标

经查，“路人王”为网络流行语，指的是一些赛事中的非职业选手，表现出强大的实力，表现非常出色。近年来，各领域路人王赛事层出不穷，路人王已逐渐成为民间非职业赛事的代名词，如用作商标则不具备识别作用，故应以“该商标仅由网络用语构成，缺乏显著特征”为由驳回。

6.常用商贸用语

【案例 135】某自然人申请的“精工”商标（如图 5-20 所示），指定使用在“硅；硅胶；硅酮；硅油；硅酸钠；酮；工业用胶水；工业用聚氨酯胶黏剂；工业用树胶（黏合剂）；粘胶纤维”商品上。

精 工

图 5-20 “精工”商标

经查，“精工”有多个含义：一是指向“SEIKO”，是日本晶振制造商，拥有世界上顶端的机械技术；二也可指精致工巧；三亦可指精密加工技术。基于广大消费者的普遍认识，“精工”的“精密、精细、精度高的工艺或技术”含义已为公众所熟知，使用在指定工业商品上不具备显著特征。故应以“该商标仅由常用商贸用语构成，缺乏显著特征”为由驳回。

第六章　商标相同、近似的案例

一、法律依据

《商标法》

第三十条　申请注册的商标，凡不符合本法有关规定或者同他人在同一种商品或者类似商品上已经注册的或者初步审定的商标相同或者近似的，由商标局驳回申请，不予公告。

第三十一条　两个或者两个以上的商标注册申请人，在同一种商品或者类似商品上，以相同或者近似的商标申请注册的，初步审定并公告申请在先的商标；同一天申请的，初步审定并公告使用在先的商标，驳回其他人的申请，不予公告。

二、释义

商标相同是指两商标在视觉效果上或者声音商标在听觉感知上完全相同或者基本无差别。所谓基本无差别，是指两商标虽有个别次要部分不完全相同，但主要部分完全相同或者在整体上几乎没有差别，以至于在一般注意力下，相关公众或者普通消费者很难在视觉或听觉上将两者区分开来。

商标近似是指文字、图形、字母、数字、三维标志、颜色组合和声音等商标的构成要素在发音、视觉、含义或排列顺序等方面虽有一定区别，但整体差异不大。文字商标的近似应主要考虑“形、音、义”三个方面，图形商标应主要考虑构图、外观及着色；组合商标既要考虑整体表现形式，还要考虑显著部分。

同一种商品是指名称相同的商品，或者名称不同但在功能、用途、主要原料、生产部门、销售渠道、消费对象等方面相同或者基本相同，相关公众一般认为是同一事物的商品。

同一种服务是指名称相同的服务，或者名称不同但在服务的目的、内容、方式、对象、场所等方面相同或者基本相同，相关公众一般认为是同一方式的服务。

类似商品是指在功能、用途、主要原料、生产部门、销售渠道、消费对象等方面基本相同或者有密切联系的商品。

类似服务是指在目的、内容、方式、对象、场所等方面基本相同或者有密切联系的服务。

同一种或者类似商品或者服务的认定，以《商标注册用商品和服务国际分类》《类似商品和服务区分表》作为参考。

对于《类似商品和服务区分表》未涵盖的商品，应当基于相关公众的一般认知力，综合考虑商品的功能、用途、主要原料、生产部门、消费对象、销售渠道等因素认定是否构成同一种或者类似商品。

对于《类似商品和服务区分表》未涵盖的服务，应当基于相关公众的一般认知力，综合考虑服务的目的、内容、方式、对象、场所等因素认定是否构成同一种或者类似服务。

三、案例分析

（一）判定的原则和方法

判定商标相同或者近似时，首先应认定指定使用的商品或者服务是否属于同一种或者类似商品（服务）；其次应从商标本身的“形、音、义”和整体表现形式等方面，以相关公众的一般注意力和认知力为标准，采用隔离观察、整体比对和要部比对的方法，判断商标标志本身是否相同或者近似。同时考虑商标本身的显著性、在先商标知名度等因素判定是否易使相关公众对商品或者服务的来源产生混淆。

1.隔离观察、整体比对和要部比对方法

隔离观察一般指的是进行商标近似判断时，应当在比对对象隔离的状态下分别进行。但在审查商标时，比对只能是直接的、非隔离的，因此，隔离观察在审查中要求的是应当尽可能以消费者选购商品或者服务的真实场景去判断两商标是否会引起混淆。

整体比对是基础，但同时需考虑商标的主要部分或显著识别部分，如果两商标的主要部分或显著识别部分相同或者近似，也容易导致相关公众混淆。

2.相关考虑因素

商标标志的近似程度是影响混淆可能性的最根本因素和基础事实。在商标注册审查中，判定相同、近似主要考虑商标标志本身的近似程度。在其他程序中，则在判定商标标志相同、近似的基础上，还应考虑以下因素，综合判断商标使用在同一种或类似商品或者服务上是否易使相关公众对商品或者服务的来源产生混淆。

（1）在先商标的显著性

判断是否易导致来源混淆，应考虑在先商标的显著性。商标显著性的强弱与相关公众是否产生混淆有着密切的联系。商标的显著性越强，其作为商标的识别功能就越强。在先显著性强的商标，即使标志发生变化，仍可能导致相关公众混淆。

(2)在先商标的知名度

判断是否易导致来源混淆，应考虑在先商标的知名度。具有知名度的商标，经使用已与商品或者服务的来源产生了较密切的联系。当在后申请商标完整包含他人在先具有较高知名度的商标时，有可能导致相关公众认为属于同一来源或存在关联。

(3)相关公众的注意程度

判断是否易导致来源混淆，应考虑相关公众购买商品或者服务的注意程度。商品或者服务的价格、商品的购买渠道或服务的提供方式等，都会影响相关公众的注意力。对于普通日用品，相关公众的注意力较低，对不同商标的差异辨识度较弱。但对于价值比较高的产品，如汽车等，相关公众在选购时注意力更高，对不同商标的差异辨识度更强。

(4)商标申请人的主观意图

判断是否易导致来源混淆，应考虑商标申请人的主观意图。商标申请人有明显的恶意，在其他因素相同时，则更有可能造成相关公众混淆。

(5)其他相关因素

除上述因素外，仍存在其他可能导致来源混淆的情况。比如，商标申请人所处地域、商标的使用方式、商标申请人与引证商标权利人是否属于同行业等。

(二)商标相同的案例

1.文字商标相同的案例

文字商标相同，是指商标使用的语种相同，且文字构成、排列顺序完全相同。因字体、字母大小写或者文字排列方式有横排与竖排之分使两商标存在细微差别，或者仅改变汉字、字母、数字等之间的间距、颜色，仍判定为相同商标。

【案例 136】某公司申请的“神剑”商标（如图 6-1 所示），指定使用在“未加工环氧树脂；未加工塑料；未加工合成树脂；未加工人造树脂；未加工丙烯酸树脂；未加工聚合树脂；戊醇；异丙醇；丙二醇；季戊四醇”商品上。

图 6-1　“神剑”商标(1)

经查，该商标与另一公司申请的“神剑”商标（如图 6-2 所示）构成相同商标。

图 6-2　“神剑”商标(2)

【案例 137】某自然人申请的“凤凰”商标（如图 6-3 所示），指定使用在“住所代理（旅馆、供膳寄宿处）；餐厅；临时住宿处出租；寄宿处；旅馆预订；假日野营住宿服务；会议室出租；养老院；预订临时住所；日间托儿所（看孩子）”服务项目上。

图 6-3　“凤凰”商标

经查，该商标与另一公司申请的“鳯凰”商标（如图 6-4 所示）构成相同商标。

鳳凰

图 6-4 “鳳凰”商标

【案例 138】某公司申请的“Susanna”商标(如图 6-5 所示),指定使用在“皮包;旅行袋;钱包;手提包;公文箱;皮箱;钥匙盒(皮制);旅行包;衣箱;帆布箱”商品上。

Susanna

图 6-5 “Susanna”商标

经查,该商标与某自然人申请的“SUSANNA”商标(如图 6-6 所示)构成相同商标。

SUSANNA

图 6-6 “SUSANNA”商标

【案例 139】某公司申请的“JIADESHENG”商标(如图 6-7 所示),指定使用在“遥控铁路道岔用电动装置;铁路交通用安全设备;计算机;防交通事故用穿戴式反射用品;铁路信号标志;交通信号灯(信号装置);发光标志;电子信号发射器;测绘仪器;测量用尺”商品上。

JIADESHENG

图 6-7 “JIADESHENG”商标

经查,该商标与某自然人申请的“JIA DE SHENG”商标(如图 6-8 所示)构成相同商标。

JIA DE SHENG

图 6-8 “JIA DE SHENG”商标

2.图形商标相同的案例

图形商标相同，是指商标图形在构图要素、表现形式等视觉上基本无差别，易使相关公众对商品或者服务的来源产生混淆。

【案例 140】某自然人申请的图形商标（如图 6-9 所示），指定使用在“啤酒；无酒精饮料；软饮料；果汁；水（饮料）；汽水；可乐；奶茶（非奶为主）；植物饮料；富含蛋白质的运动饮料”商品上。

图 6-9 图形商标

经查，该商标与另一公司申请的图形商标（如图 6-10 所示）构成相同商标。

图 6-10 图形商标

3.组合商标相同的案例

组合商标相同，是指商标的文字构成、图形外观及其排列组合方式基本相同，使商标在呼叫和整体视觉上基本无差别，易使相关公众对商品或者服务的来源产生混淆。

【案例 141】某公司申请的“双心 Doppel herz”商标（如图 6-11 所示），指定使用在“医药制剂；医用营养品；医用营养食物；维生素制剂；医用脂肪酸；医用氨基酸；医用生物碱；药用皂苷；药用类胡萝卜素；药用类黄酮；多糖（药）；铁（药）；钙制剂（医药用）；镁制剂（医药用）；药茶；医用营养植物提取物；营养补充剂；人和动物用微量元素制剂；矿物质食品补充剂；膳食纤维；药草；药用植物提取物”商品上。

图 6-11 “双心 Doppel herz”商标

该商标与另一公司申请的“双心；Doppel herz”商标（如图6-12所示）构成相同商标。

图 6-12 “双心；Doppel herz”商标

（三）商标近似的案例

1.文字商标近似的案例

【案例 142】某公司申请的“渣渣”商标（如图 6-13 所示），指定使用在“巧克力抹酱；蜂蜜；糕点；以巧克力为主的饮料；茶；茶饮料；糖；糖果；裹巧克力的坚果；巧克力”商品上。

渣渣

图 6-13 “渣渣”商标

经查，该商标与另一公司申请的“渣渣糖”商标（如图 6-14 所示）构成近似商标。

渣渣糖

图 6-14 “渣渣糖”商标

【案例 143】某公司申请的“博昊”商标（如图 6-15 所示），指定使用在“饮食营养咨询；医疗诊所服务；康复中心；医疗按摩；按摩；美容服务；动物清洁；植物栽培；配镜服务；卫生设备出租”等服务项目上。

图 6-15 “博昊”商标

经查，该商标与另一公司申请的“昊博亲子”商标（如图 6-16 所示）构成近似商标。

昊博亲子

图 6-16 “昊博亲子”商标

【案例 144】某公司申请的“一手优租”商标(如图 6-17 所示),指定使用在“计算机硬件检测;计算设备检测;计算机硬件出租;计算机出租;计算机软件维护和更新;计算机设备出租;计算机软件的安装和维护;计算机系统集成服务;外包商提供的信息技术服务;计算机软件安装、修理和维护”服务项目上。

一手优租

图 6-17 “一手优租”商标

经查,该商标与另一公司申请的“一手”商标(如图 6-18 所示)构成近似商标。

一手

图 6-18 “一手”商标

【案例 145】某公司申请的“崇之福”商标(如图 6-19 所示),指定使用在“锅巴;以米为主的零食小吃;调味品;以谷物为主的零食小吃;糍粑;谷类制品;大米;面粉;人食用的去壳谷物;薄片(谷类产品)”商品上。

崇之福

图 6-19 “崇之福”商标

经查,该商标与某自然人申请的“崇福”商标(如图 6-20 所示)构成近似商标。

图 6-20　“崇福”商标

【案例 146】某公司申请的“美爱”商标（如图 6-21 所示），指定使用在“张贴广告；会计；人事管理咨询；广告；谈话记录（办公事务）；寻找赞助；市场营销；户外广告；替他人推销”服务项目上。

图 6-21　“美爱”商标

经查，该商标与另一公司申请的“美爱斯”商标（如图 6-22 所示）构成近似商标。

图 6-22　“美爱斯”商标

【案例 147】某公司申请的“Cat&Bear”商标（如图 6-23 所示），指定使用在“发带；头发装饰品”等商品上。

图 6-23　“Cat&Bear”商标

经查，该商标与另一公司申请的“Bear&Cat”商标（如图 6-24 所示）构成近似商标。

Bear
&Cat

图 6-24 “Bear&Cat”商标

【案例 148】某公司申请的“La Alextrasza”商标（如图 6-25 所示），指定使用在“户外广告；广告版面设计；广告；张贴广告；广告代理；商业橱窗布置；点击付费广告；计算机网络上的在线广告；广告设计；市场分析”服务项目上。

La Alextrasza

图 6-25 “La Alextrasza”商标

经查，该商标与某自然人申请的“Alextrasza”商标（如图6-26所示）构成近似商标。

Alextrasza

图 6-26 “Alextrasza”商标

【案例 149】某公司申请的“TRIUMPH”商标（如图 6-27 所示），指定使用在“厨房用抽油烟机；电炊具；燃气炉；炉用成型配件；浴室装置；淋浴热水器；冲水槽；消毒碗柜；水净化设备和机器；电暖器”商品上。

TRIUMPH

图 6-27 “TRIUMPH”商标

经查，该商标与另一公司申请的“TRIOMPH”商标（如图 6-28 所示）构成近似商标。

TRIOMPH

图 6-28 “TRIOMPH”商标

【案例 150】某公司申请的“Dance Queen”商标（如图 6-29 所示），指定使用在“贵金属合金；首饰盒；珠宝首饰；耳环；翡翠；银制工艺品；戒指（首饰）；项链（首饰）；钟；手表”商品上。

Dance Queen

图 6-29 “Dance Queen”商标

经查，“Dance Queen”可翻译为“跳舞女王”，该商标与另一公司申请的“跳舞皇后”商标（如图 6-30 所示）构成近似商标。

跳舞皇后

图 6-30 “跳舞皇后”商标

【案例 151】某公司申请的“夏天的味道”商标（如图 6-31 所示），指定使用在“果酒（含酒精）；开胃酒；葡萄酒；蜂蜜酒；酒精饮料原汁；鸡尾酒；米酒；烈酒（饮料）；含水果酒精饮料；烧酒”等商品上。

夏天的味道

图 6-31 “夏天的味道”商标

经查，该商标与另一公司申请的“SUMMER SMELL”（夏天味道）商标（如图 6-32 所示）构成近似商标。

SUMMER SMELL

图 6-32 “SUMMER SMELL”商标

2.图形商标近似的案例

【案例 152】某公司申请的图形商标(如图 6-33 所示),指定使用在“组织文化或教育展览;为娱乐目的组织时装表演;组织角色扮演娱乐活动;提供娱乐设施;导游服务;登山向导服务;摄影;假日野营娱乐服务;书籍出版;实际培训(示范)”服务项目上。

图 6-33 图形商标

经查,该商标与另一公司申请的图形商标(如图 6-34 所示)构成近似商标。

图 6-34 图形商标

3.组合商标近似的案例

【案例 153】某自然人申请的“联臣”商标(如图 6-35 所示),指定使用在“电开关;照相机(摄影);眼镜;电池;计算机外围设备;智能手机屏幕专用保护膜;耳机;电子芯片;可下载的手机应用软件;电子锁”商品上。

图 6-35 “联臣”商标

经查，该商标与另一自然人申请的“LC 联臣”商标（如图 6-36 所示）构成近似商标。

图 6-36 “LC 联臣”商标

【案例 154】某单位申请的“风度猫”商标（如图 6-37 所示），指定使用在“投币启动设备用机械装置；测量仪器；视听教学仪器；电子图书阅读器；电子教学学习机；带有图书的电子发声装置；计算机软件（已录制）；电子字典；电子出版物（可下载）；智能手机”商品上。

风
度
猫
FENG DU MAO

图 6-37 “风度猫”商标（1）

经查，该商标与某自然人申请的“风度猫”商标（如图 6-38 所示）

构成近似商标。

图 6-38 “风度猫”商标(2)

【案例 155】某公司申请的“叁愿”商标(如图 6-39 所示),指定使用在“网站设计;为他人创建和维护网站;提供互联网搜索引擎;为计算机网络创建主页;计算机编程;计算机软件设计;计算机软件更新;计算机技术咨询;计算机平台的开发;计算机硬件开发”服务项目上。

图 6-39 “叁愿”商标

经查,该商标与另一公司申请的图形商标(如图 6-40 所示)构成近似商标。

图 6-40 图形商标

第七章　三维标志商标的案例

一、法律依据

《商标法》

第八条　任何能够将自然人、法人或者其他组织的商品与他人的商品区别开的标志，包括文字、图形、字母、数字、三维标志、颜色组合和声音等，以及上述要素的组合，均可以作为商标申请注册。

第十二条　以三维标志申请注册商标的，仅由商品自身的性质产生的形状、为获得技术效果而需有的商品形状或者使商品具有实质性价值的形状，不得注册。

《商标法实施条例》

第十三条第三款　以三维标志申请商标注册的，应当在申请书中予以声明，说明商标的使用方式，并提交能够确定三维形状的图样，提交的商标图样应当至少包含三面视图。

第四十三条　指定中国的领土延伸申请人，要求将三维标志、颜色组合、声音标志作为商标保护或者要求保护集体商标、证明商标的，自该商标在国际局国际注册簿登记之日起 3 个月内，应当通过依法设立的商标代理机构，向商标局提交本条例第十三条规定的相关材料。未在上述期限内提交相关材料的，商标局驳回该领土延伸申请。

二、法律释义

三维标志商标是指仅由三维标志或者由含有其他要素的三维标志构成的商标。三维标志商标可以表现为商品自身的三维形状、商品包装或容器的三维形状或者其他三维标志。

三维标志商标的实质审查除了与平面商标一样需考虑商标本身构成、指定商品或者服务的类别、相关公众的认知习惯等一般因素之外，还必须结合三维标志商标的使用方式，综合判断该三维标志商标是否起到了区分商品或者服务来源的作用。需要说明的是，由缺乏显著特征的三维形状和具有显著特征的平面要素组合而成的三维标志商标即使获得注册，也不表示该缺乏显著特征的三维形状本身获得了商标专用权保护。

三、案例分析

(一)三维标志商标实质审查

1.三维标志商标禁用条款审查

申请注册三维标志商标不得违反《商标法》禁用条款的相关规定。

【案例 156】某自然人申请的“三维标志”商标(如图 7-1 所示)，指定使用在“化妆品；洁肤乳液；香水；牙膏；室内用空气芳香剂；熏香；美容面膜；芳香精油；香薰沐浴盐；牙齿美白制剂”商品上。

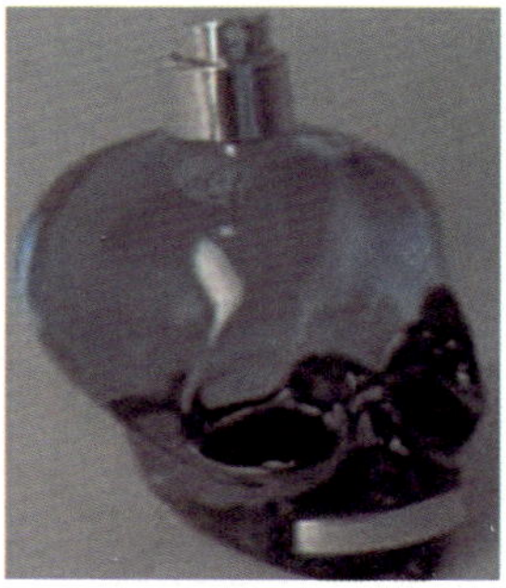
图 7-1 “三维标志”商标

经查，该商标形状为骷髅头，用作商标使用，具有不良影响，故该商标适用《商标法》第十条第一款第七项以“该标志为骷髅头形状,用作商标使用易产生不良影响,不得作为商标使用”为由驳回。

【案例 157】某自然人申请的“三维标志”商标(如图 7-2 所示),指定使用在“计算机软件(已录制);已录制的计算机游戏软件;可下载的计算机应用软件;已录制的或可下载的计算机软件平台;可下载的计算机游戏软件;可下载的手机应用软件;网络通信设备;计算机;已录制的计算机操作程序;全球定位系统(GPS)设备”商品上。

图 7-2 “三维标志”商标

经查,该三维标志包含中国国旗,应按照《商标法》第十条第一款第一项以“该标志所包含图形部分与我国国旗相同,不得作为商标使用”为由驳回。

2.三维标志商标显著特征审查

三维标志商标显著特征的审查与普通平面商标一样,需要综合考虑商标本身构成形式、指定的商品或者服务、相关公众的认知习惯、所属行业的实际使用情况等因素。此外,还应将三维标志商标的构成元素、视觉效果、使用方式等特殊因素考虑在内综合审查。

(1)商品自身的三维形状

仅以商品自身的三维形状申请注册三维标志商标的,通常情况下相关公众不易将其识别为指示商品来源的标志,难以起到区分商品来源作用,一般不具有作为商标的显著特征。

【案例 158】某自然人申请的“三维标志”商标(如图 7-3 所示),指定使用在“糖;甜食;焦香糖果;糖果;果冻(糖果);羊羹;巧克力;花生糖;蜂蜜;饼干;面包;蛋糕;糕点;月饼;米糕;豆包;以谷物为主的零食小吃;以米为主的零食小吃;咖啡;巧克力慕斯酱;茶;谷类制品;方便面;脆米饼;大米花;虾片;冰淇淋;果汁刨冰;食用冰”商品上。

图 7-3 “三维标志”商标

经查,该三维标志仅由巧克力自身形状构成,难以起到区分商品来源作用,应按照《商标法》第十一条第一款第一项以“该标志仅由指定商品通用图形构成,不得作为商标注册”为由驳回。

【案例 159】某自然人申请的“三维标志”商标(如图 7-4 所示)指定使用在“贵金属合金;首饰盒;珠宝首饰;首饰用小饰物;手表;手表专用盒;表盘;表带;表壳;机械手表”商品上。

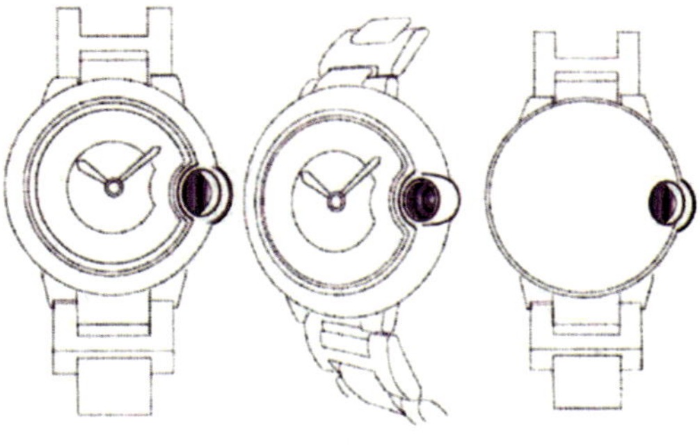

图 7-4 “三维标志”商标

经查，该三维标志仅由手表自身形状构成，难以起到区分商品来源作用，应按照《商标法》第十一条第一款第一项以“该标志仅由指定商品通用图形构成，不得作为商标注册”为由驳回。

(2)包装或容器的三维形状

商品包装或容器的主要功能是保护、盛载商品，以便于储运和销售。仅以商品包装或容器的三维形状申请注册三维标志商标的，通常情况下相关公众不易将其识别为指示商品来源的标志，难以起到区分商品来源作用，一般不具有作为商标的显著特征。

【案例160】某公司申请的“三维标志”商标（如图7-5所示），指定使用在“以牛奶为主的饮料；奶制品；乳酸饮料；酸奶；奶；奶饮料（以奶为主）；调味奶；含水果的牛奶饮料”商品上。

图7-5 “三维标志”商标

经查，该商标无文字，设计说明为：“该三维标志是作为指定商品的包装容器使用。”

该三维标志仅由商品的外包装构成，难以起到区分商品来源作用，应按照《商标法》第十一条第一款第三项以“该商标仅由商品的外包装构成，使用在指定商品上，缺乏显著特征，不具备商标识别作用，不作为商标注册”为由驳回。

商品自身的三维形状即使经过设计，具有独特的视觉效果，也不能依据其独创性当然认为其具有作为商标的显著特征。但是，有证据证明此类三维标志商标经过长期或广泛使用起到了区分商品来源作用的，可以取得显著特征。

(3)其他三维标志

①简单的、普通的三维形状或是起装饰性作用的三维形状，不能起到区分商品来源作用的，缺乏显著特征。

【案例 161】某公司申请的“三维标志”商标(如图 7-6 所示)，指定使用在“服装；套服；针织服装；童装；鞋；帽子；袜；手套(服装)；围巾；皮带(服饰用)”商品上。

图 7-6 “三维标志”商标

经查，该三维标志仅由简单的帽子图形构成，难以起到区分商品来源作用，应按照《商标法》第十一条第一款第三项以“该商标仅由简单的商品图形构成，使用在指定商品上，缺乏显著特征，不具备商标识别作用，不作为商标注册”为由驳回。

②服务行业为了提供服务使用的通用或常用物品的三维形状，不能起到区分服务来源作用的，缺乏显著特征。

【案例 162】某公司申请的“三维标志”商标(如图 7-7 所示)，指定使用在“游戏厅服务；幼儿园；游乐园；娱乐；演出；马戏场；提供娱乐设施；俱乐部服务(娱乐或教育)；现场表演；玩具出租”商品上。

经查，该三维标志仅由游乐设施效果图构成，难以起到区分服务来源作用，应按照《商标法》第十一条第一款第三项以“该三维标志是摩天轮效果图，游乐园服务常需使用该设备，无法通过该三维标志区分服务来源，缺乏显著特征，不作为商标注册”为由驳回。

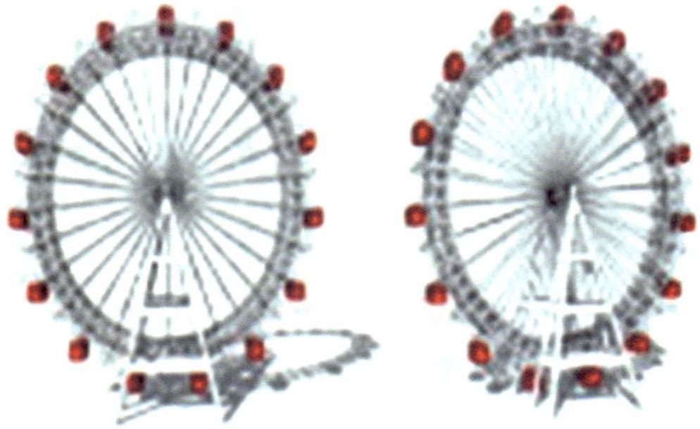

图 7-7 “三维标志”商标

③具有独特设计、与指定商品或者服务无直接关联的三维标志，具有显著特征。

【案例 163】某公司申请的“三维标志”商标（如图 7-8 所示），指定使用在“个人背景调查；为法律咨询目的监控知识产权；仲裁；域名注册（法律服务）；工厂安全检查；替代性纠纷解决服务；法律文件准备服务；法律研究；版权管理；知识产权咨询；知识产权许可；计算机软件许可（法律服务）；诉讼服务；调解”服务上。

图 7-8 “三维标志”商标

经查，该商标不包含文字，设计说明为：“将商标用于广告宣传、展览，商品交易合同及其他交易文件、广告招牌、或其他商业活动。”该商标具有显著特征，如无他人在先权利，应准予初步审定。

(4)三维形状和平面要素的组合

①由具有显著特征的三维形状和具有显著特征的平面要素组合而成的。

三维标志商标由具有显著特征的三维形状和具有显著特征的平面要素组合而成，该三维标志商标在整体上具有显著特征。

【案例 164】某公司申请的“三维标志”商标(如图 7-9 所示)，指定使用在“配镜服务；医院；医疗保健；康复中心；健康顾问服务；远程医学服务；眼科服务；按摩；医疗护理；医疗辅助”服务上。

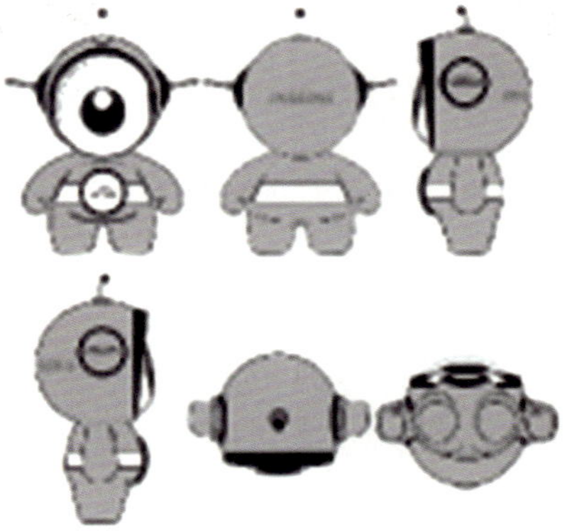

图 7-9 “三维标志”商标

经查，该商标为三维标志，包含英文“JINGGONG”，设计说明为：“该三维标志使用在眼镜行招牌上。”因该三维标志商标由具有显著特征的三维形状和具有显著特征的英文要素组合而成，所以该三维标志商标在整体上具有显著特征。该商标如无他人在先权利，应准予初步审定。

②由具有显著特征的三维形状和缺乏显著特征的平面要素组合而成的。

三维标志商标由具有显著特征的三维形状和缺乏显著特征的平面要素组合而成，该三维标志商标在整体上具有显著特征。

【案例165】某公司申请的“三维标志”商标（如图7-10所示），指定使用在“汽车；摩托车；房车；无人驾驶汽车；陆、空、水或铁路用机动运载工具；大客车；越野车；汽车轮胎；运载工具座椅套；电动自行车”商品上。

图7-10 “三维标志”商标

经查，该商标由卡通三维形状及字母“A”组成。三维标志商标由具有显著特征的三维形状和缺乏显著特征的平面要素组合而成，该三维标志商标在整体上具有显著特征。因此该商标如无他人在先权利，应准予初步审定。

③由缺乏显著特征的三维形状和具有显著特征的其他平面要素组合而成的。

三维标志商标由缺乏显著特征的三维形状和具有显著特征的平面要素组合而成，一般认为该三维标志商标整体上具有显著特征。该三维标志商标获准注册后，从整体上对其进行保护，即该商标权利人不能仅就不具有显著特征的三维形状单独主张权利。若申请人未主动声明放弃不具有显著特征的三维形状部分的商标专用权，审查时应发出审查意见书，要求申请人声明放弃。放弃专用权说明需在商标公告和商标注册证上予以加注。

【**案例 166**】某公司申请的“三维标志”商标（如图 7-11 所示），指定使用在“果酒（含酒精）；开胃酒；葡萄酒；酒精饮料原汁；酒精饮料（啤酒除外）；黄酒；食用酒精；烧酒；白酒；蒸煮提取物（利口酒和烈酒）”商品上。

图 7-11 “三维标志”商标

经查，该商标中的图形部分为立体商标，使用在指定商品上，缺乏显著特征，难以起到区分商品来源的作用，但该商标由具有显著特征的平面要素“沱牌”及图形构成，该三维标志商标整体上具有显著特征，但应发审查意见书要求申请人放弃该三维标志立体部分的专用权。

④不具备固有显著特征的三维标志商标经过长期或广泛使用可以取得显著特征。

不具备固有显著特征的三维标志商标，有充足证据证明该三维标志商标经过长期或广泛使用起到了区分商品来源作用的，可以取得显著特征。

商标注册申请实质审查阶段，审查员可以发出审查意见书，要求申请人提交使用证据，并就该三维标志通过长期或广泛使用取得显著特征的相关情况进行说明。审查员依据申请人提交的使用证据和情况说明等作进一步审查审理。

3.三维标志商标功能性审查

《商标法》第十二条规定禁止注册具有功能性的商品外观，其目的在于确保具有实用价值或美学价值的商品特征不能通过获取可无限续展的注册商标专用权的方式被永久保护，以鼓励合法的市场竞争。因此，如果三维标志被认定具有功能性，即使经过长期使用也不能获得注册。

（1）三维标志仅由商品自身性质产生的三维形状组成，即该三维形状是为实现商品固有的目的和用途所必须采用的或通常采用的三维形状，则该三维标志具有功能性。

【案例 167】某公司申请的“三维标志”商标（如图 7-12 所示），指定使用在“车轮；车轮轮缘；轮胎；内胎；轮胎防滑毛刺；车辆轮胎用充气阀；气泵”商品上。

图 7-12 “三维标志”商标

经查，轮胎是在各种车辆或机械上装配的接地滚动的圆环形弹性橡胶制品，能够支撑车身，缓冲外界冲击，实现与路面接触并保证车辆的行驶性能。这就使轮胎为了实现其用于车辆行驶的目的而必须具备图示三维形状，因此该三维标志仅由商品自身性质产生的三维形状组成，使用在“轮胎”商品上具有功能性，不得作为商标注册。

(2)三维标志仅由为获得技术效果而需有的商品三维形状组成，即该三维形状是为使商品具备特定的功能，或者使商品固有的功能更容易地实现所必须使用的三维形状，该三维标志具有功能性。

【案例 168】某公司申请的“三维标志”商标(如图 7-13 所示)，指定使用在“电须刀；剃须刀；剃刀；电动剃刀；刮胡刀；电动刮胡刀；刮须刀片；剃须盒；个人用理发推子；修指甲刀”商品上。

图 7-13 “三维标志”商标

经查，图示是一个三刀头剃须刀头的三维形状。采用该三维形状的剃须刀在工作时能够根据使用者的面部轮廓变化贴面角度，增大剃须面积，使剃须效果明显提升。因此，该三维标志仅由使商品固有的功能更容易地实现所需有的三维形状组成，使用在“剃须刀头”商品上具有功能性，不得作为商标注册。

(3)三维标志仅由使商品具有实质性价值的三维形状组成，即该三维形状是为使商品的外观或造型具有美学价值，进而实质性地影响消费者的购买意愿所使用的三维形状，该三维标志具有功能性。

【案例 169】某公司申请的“三维标志”商标（如图 7-14 所示），指定使用在“日用玻璃器皿（包括杯、盘、壶、缸）；玻璃瓶（容器）；玻璃碗；玻璃瓶；彩色玻璃器皿；瓷器；瓷餐具；瓷器（容器）；瓷瓶；瓷烛台；瓷器（家庭用）；日用瓷器（包括盆、碗、盘、壶、餐具、缸、坛、罐）；家庭用陶瓷制品；陶瓷制品（家庭用）；陶瓷餐具；陶瓷瓶；陶瓷烛台；陶器；瓷、赤陶或玻璃艺术品；瓷器装饰品”商品上。

图 7-14 “三维标志”商标

经查，图示三维形状，器形古朴，图案设计精美，有一定的美学价值。该三维形状使瓷瓶的外观和造型更具美感，从而促使消费者购买该商品。因此，该三维标志具有功能性，不得作为商标注册。

4.三维标志商标相同、近似的审查

三维标志商标相同、近似的审查包括三维标志商标之间相同、近似的审查和三维标志商标与平面商标之间相同、近似的审查。审查时应考虑商标中三维形状的任一可观察角度，并就观察到的表现内容及视觉效果与他人在先商标进行对比。

(1)三维标志商标之间相同、近似的审查

仅由三维形状构成的三维标志商标，其整体视觉效果与他人在先的三维标志商标相同或者近似，易使相关公众对商品或者服务的来源产生混淆的，判定为相同或者近似商标。

由具有显著特征的三维形状和其他平面要素组合而成的三维标志商标，若其具有显著特征的三维形状部分或者具有显著特征的平面要素部分与他人在先的三维标志商标对应部分相同或者近似，易使相关公众对商品或者服务的来源产生混淆的，判定为相同或者近似商标。

由不具有显著特征的三维形状和具有显著特征的平面要素组合而成的三维标志商标，若两件商标具有显著特征的平面要素相同或者近似，易使相关公众对商品或者服务的来源产生混淆误认的，判定为相同或者近似商标。

【案例 170】某公司申请的“三维标志”商标（如图 7-15 所示），该三维标志由三维形状构成，其整体视觉效果与他人在先的三维标志商标相同或者近似（如图 7-16 所示），易使相关公众对商品或者服务的来源产生混淆，判定为相同或者近似商标。

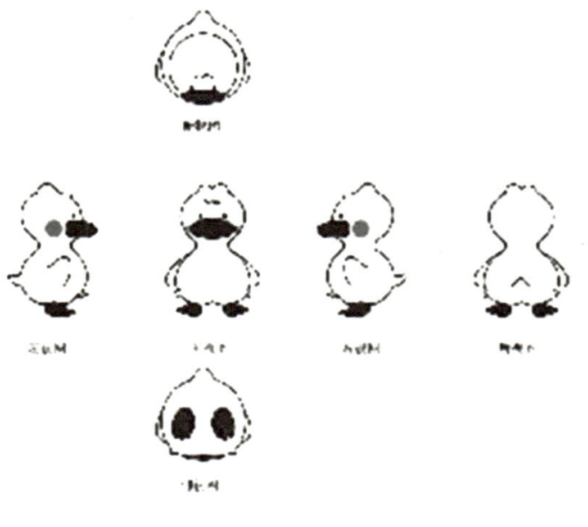

图 7-15 “三维标志”商标

图 7-16 “三维标志”商标

（2）三维标志商标与平面商标相同、近似的审查

仅由三维形状构成的三维标志商标，与他人在先的平面商标在整体视觉效果上相同或者近似，易使相关公众对商品或者服务的来源产生混淆的，判定为相同或者近似商标。

由三维形状和其他平面要素组合而成的三维标志商标，若其具有显著特征的三维形状部分与他人在先的平面商标在整体视觉效果上相同或者近似，或者其具有显著特征的平面要素部分与他人在先的平面商标相同或者近似，易使相关公众对商品或者服务的来源产生混淆的，均判定为相同或者近似商标。

【案例 171】某公司申请的“三维标志”商标（如图 7-17 所示），指定使用在“指甲刷；粉扑；化妆用海绵；化妆刷；空的粉饼盒；发刷；梳；梳子盒；眉刷；唇彩刷；牙刷；牙刷盒；成套化妆用具；梳妆盒；化妆用具；电动牙刷；头皮抓挠器；洗发刷”商品上。

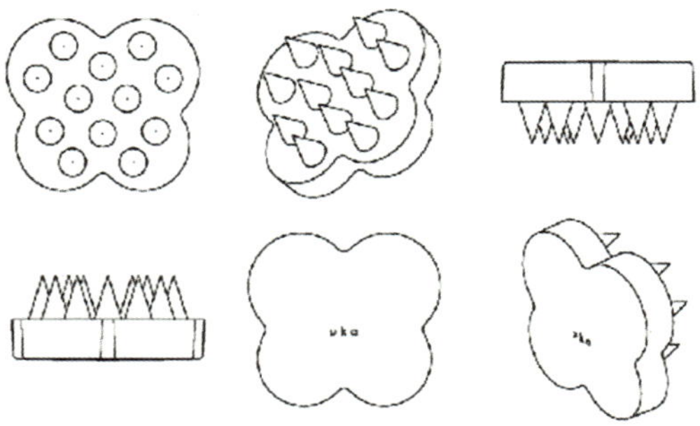

图 7-17 “三维标志”商标

经查，因该三维标志中含有英文“UKA”，因此需要与普通英文商标 UKA 判近似。

【案例 172】某公司申请的“三维标志”商标（如图 7-18 所示），指定使用在“蛋白质（原料）；乳糖（原料）；食品制造用乳酸杆菌；食品工业用酶；食品工业用蛋白质；食品工业用谷蛋白；非医用、非兽医用微生物培养物；食品工业用酶制剂；工业用牛奶发酵剂；非医用、非兽医用

生物组织培养物”商品上。

图 7-18 “三维标志”商标

经查，因该三维标志为奶牛形象，因此需要与普通奶牛图形商标（如图 7-19 所示）判近似。

图 7-19 普通奶牛图形图标

（二）三维标志商标实质审查时的其他注意事项

三维标志商标实质审查程序中，申请人提交的商标图样经申请人说明后，仍难以识别、确定唯一三维形状的，依据《商标法》第三十条、《商标法实施条例》第十三条的相关规定不予注册。

第八章　颜色组合商标的案例

一、法律依据

《商标法》

第八条　任何能够将自然人、法人或者其他组织的商品与他人的商品区别开的标志，包括文字、图形、字母、数字、三维标志、颜色组合和声音等，以及上述要素的组合，均可以作为商标申请注册。

《商标法实施条例》

第十三条第四款　以颜色组合申请商标注册的，应当在申请书中予以声明，说明商标的使用方式。

第四十三条　指定中国的领土延伸申请人，要求将三维标志、颜色组合、声音标志作为商标保护或者要求保护集体商标、证明商标的，自该商标在国际局国际注册簿登记之日起 3 个月内，应当通过依法设立的商标代理机构，向商标局提交本条例第十三条规定的相关材料。未在上述期限内提交相关材料的，商标局驳回该领土延伸申请。

二、法律释义

颜色组合商标是指由两种或两种以上颜色按照特定方式进行组合构成的商标。

为防止接受单一颜色作为商标申请对某一颜色的使用造成垄断，妨碍其他生产经营主体的正常使用，我国目前只接受颜色组合作为商标申请注册，而不接受单一颜色作为商标申请注册。

颜色组合商标仅由颜色构成，不限定具体形状，保护对象是以特定方式使用的颜色组合本身。商标图样中呈现的形状并不是颜色组合商标保护的对象。包含文字、图形等要素的指定颜色商标不属于颜色组合商标。

颜色组合商标在商品上使用时，可以用于商品的全部或部分，也可以用于商品包装的全部或部分；颜色组合商标在服务上使用时，可以用于服务所需载体，比如餐饮服务过程中的服务人员的服装、服务场所的外部装饰和内部装潢等。

一般情况下，颜色组合商标缺乏固有显著性，需要通过长期或广泛的使用，与申请主体产生稳定联系，具备区分商品或者服务来源的功能，才能取得显著特征。

三、案例分析

（一）颜色组合商标禁用条款审查

颜色组合商标禁用条款审查参照《商标法》第十条“下列标志不得作为商标使用”中的相应内容。颜色组合商标是否违反禁用条款应结合其具体使用方式进行判定。

【案例 173】某公司申请的“颜色组合”商标（如图 8-1 所示），指定使用在“在金属薄板上使用的印刷机器”等商品上。

其设计说明为："颜色组合商标，由橙色和白色两种颜色构成；1.色卡色号如下：白色部分——孟塞尔颜色号NO.10Y9.2/1；橙色部分——孟塞尔颜色号NO.10R5/14。2.使用方式：白色部分——印刷或装订用机械器具的中央印刷单元主体两侧的侧框使用白色；橙色部分——侧面框架两侧的外壁使用橙色。"

图8-1 "颜色组合"商标

经查，该商标如以该公司说明的使用方式使用，其呈现的整体视觉效果与秘鲁国旗近似，不得作为商标注册和使用。

（二）颜色组合商标显著特征的审查

颜色组合商标遵循传统商标显著性的判断原理、标准和规则。颜色组合使用在指定的商品或者服务项目上，通常会使消费者认为是产品本身、产品包装或者经营场所的装潢设计等，不易作为商标识别，不具有商标的固有显著性，难以起到区分商品或者服务来源的功能与作用。一般情况下，需要充分证据证明颜色组合商标通过长期或广泛地使用取得显著特征，能够识别和区分商品或者服务的来源。

颜色组合商标显著特征审查除了与其他类型商标显著特征审查一样需综合考虑商标本身构成、指定的商品或者服务、相关公众的认知习惯等因素之外，还应考虑颜色组合商标的自身属性、构成元素、使用方式、持续使用时间、使用强度、同业经营者对同类颜色的使用情况、相关行业商标使用惯例、对颜色组合商标的广告宣传及其效果、相关公众的知晓程度等因素进行综合判定。

审查时经常发出审查意见书，要求申请人提交使用证据，并就颜色组合商标通过使用取得显著特征的情况进行说明。使用证据需要证明，颜色组合通过使用已经具备指示商品或者服务来源的功能，即相关公众看到颜色组合首先联想到该颜色组合是指向一个特定来源的商品或者服务，而不是颜色组合本身。

1.仅有指定商品的天然颜色、商品本身或者包装物以及服务场所通用或者常用颜色，不足以起到区别商品或者服务来源作用的，判定为缺乏显著特征

【案例 174】某公司申请的“颜色组合”商标（如图 8-2 所示），指定使用在第 9 类“数量显示器；衡器”等商品上。

其设计说明为：“申请商标为颜色组合商标，图形轮廓仅用来展示颜色所在位置，包含颜色：蓝色（RAL5017）位于指定商品显示面板的轮廓圈、白色（RAL9003）位于指定商品的显示面板、白铝灰色（RAL9006）位于指定商品外壳。”

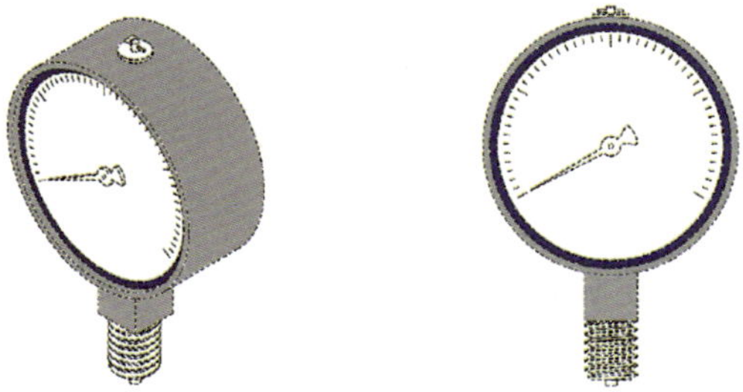

图 8-2 “颜色组合”商标

经查，该图示为指定商品的常用颜色组合，不足以起到区别商品来源的作用，判定为缺乏显著特征。

2.有充分证据证明以特定方式使用的颜色组合通过使用取得显著特征的，可以注册为颜色组合商标

颜色组合商标经过使用取得显著特征的认定除同样适用传统商标经使用取得显著特征的一般规则外，还需考虑颜色组合商标实际使用方式对相关公众注意力和认知情况的影响，颜色组合商标为申请人所独创或最早使用并不能当然认为其具有作为商标的显著特征。

【案例 175】某公司申请的“颜色组合”商标（如图 8-3 所示），指定使用在第 43 类“咖啡馆；自助餐厅”等服务上。

图 8-3 “颜色组合”商标

其设计说明为：“颜色组合商标。该商标由白色、蓝色和粉色组成。其中蓝色为 PANTONE 潘通标准国际色号 285C、粉色为 PANTONE 潘通标准国际色号 183C。配色顺序及比例由上至下为白色占商标的 25%，蓝色 51%，白色 10%，粉色 6%，白色 8%（由于纸张为白色，所以最上端和最下端的白色部分未显示出来）。颜色使用方式：申请人所有的便利店的门面上都有申请商标所呈现的颜色组合。由于便利店面的宽窄高低不同，所以申请商标所呈现的尺寸不尽相同，但颜色的组合方式不变。”

经查，该公司在申请过程中提供的证据可以证明该颜色组合经过大量使用和宣传，在实际使用方式已与申请人形成了对应关系，可以

起到区分商品和服务来源的作用。

（三）颜色组合商标之间相同、近似的审查

颜色组合商标申请注册的颜色组合要素，及其《商标注册申请书》中说明的具体使用方式是判断是否相同、近似的主要依据，同时还要结合其呈现出的视觉效果从整体上进行审查判断。

【案例 176】某商标（如图 8-4 所示）与另一商标（如图 8-5 所示）虽同为颜色组合商标，它们构成颜色组合商标的颜色相同或者近似，但排列组合方式不同，在商业活动中的具体使用方式也不同，整体视觉效果差别较大，不易使相关公众对商品或者服务的来源产生误认的，不判定为相同或者近似商标。

图 8-4 “颜色组合”商标

图 8-5 “颜色组合”商标

第九章　声音商标的案例

一、法律依据

《商标法》

第八条　任何能够将自然人、法人或者其他组织的商品与他人的商品区别开的标志，包括文字、图形、字母、数字、三维标志、颜色组合和声音等，以及上述要素的组合，均可以作为商标注册申请。

《商标法实施条例》

第十三条第五款　以声音标志申请商标注册的，应当在申请书中予以声明，提交符合要求的声音样本，对申请注册的声音商标进行描述，说明商标的使用方式。对声音商标进行描述，应当以五线谱或者简谱对申请用作商标的声音加以描述并附加文字说明；无法以五线谱或者简谱描述的，应当以文字加以描述；商标描述与声音样本应当一致。

第四十三条　指定中国的领土延伸申请人，要求将三维标志、颜色组合、声音标志作为商标保护或者要求保护集体商标、证明商标的，自该商标在国际局国际注册簿登记之日起3个月内，应当通过依法设立的商标代理机构，向商标局提交本条例第十三条规定的相关材料。未在上述期限内提交相关材料的，商标局驳回该领土延伸申请。

二、法律释义

声音商标是一种非传统商标，由用以区别商品或者服务来源的声音本身构成。按照目前商标审查审理标准的规定，声音商标既可以由一段乐曲这样音乐性质的声音构成，也可以由自然界声音、人声这样非音乐性质的声音构成，或者由两者组合的声音构成。

在正常情况下，声音商标只有经过长期广泛使用，与申请商标的主体建立特殊稳定联系，具备识别和区分商标和服务来源的功能后，才能获得显著特征。

三、案例分析

（一）声音商标禁用条款

声音商标禁用条款参照《商标法》第十条第一款规定，下列标志不得作为商标使用：第一项“同中华人民共和国的国家名称、国旗、国徽、国歌、军旗、军徽、军歌、勋章等相同或者近似的，以及同中央国家机关的名称、标志、所在地特定地点的名称或者标志性建筑物的名称、图形相同的”；第八项“有害于社会主义道德风尚或者其他不良影响的”。

例如：

（1）与《义勇军进行曲》《中国人民解放军军歌》《国际歌》等相同或者近似的声音。

（2）与《歌唱祖国》《十送红军》等公众熟知的爱国主义歌曲相同或者近似的声音。

（3）与佛教、基督教、伊斯兰教等宗教音乐近似的声音。

（4）含有或涉及黄、赌、毒等有害于社会主义道德风尚的声音。

（二）声音商标显著特征审查

显著性审查是实质审查的重点，声音商标作为非传统商标，仍然遵循传统商标显著性的判断原理、标准和规则。由于声音的非可视性以及对播放载体的依附性，导致其与许多商品和服务项目不能像文字、数字、图形等传统可视化商标要素一样结合较为紧密，容易在使用时被认知为背景音乐或广告宣传等。所以在一般情况下，声音商标需要通过长期广泛的使用来获得显著性，起到识别和区分商品或者服务的来源的功能。

由于声音商标认知通过听觉体现，所以除传统商标显著性审查需总体考虑所指定的商品或服务项目，商标自身文字、数字、图形等元素的构成，相关公众的认知习惯等因素外，还需综合考虑声音商标的听觉感知、声音效果、使用方式、持续使用时间、使用强度、同业经营者对同类声音的使用情况、相关行业商标使用惯例、相关的广告宣传及其效果、相关公众的知晓程度等因素来综合判定其是否具有显著特征。

1.仅直接表示指定商品或者服务内容、消费对象、质量、功能、用途及其他特点的声音，缺乏显著特征

例如：钟表的响声指定使用在“挂钟”商品上；爆炸响声指定使用在“爆竹”商品上；倒水的水流声指定使用在“开水壶”商品上；儿童的嬉笑声指导使用在“儿童玩具”商品上；“已上锁”“开锁成功”的叫声指定使用在“电子锁”商品上。

2.其他缺乏显著特征的声音

包括但不限于以下类型：

（1）使用商品或者提供服务时难以避免或者通常出现的声音

例如：“叮铃铃”的响声指定使用在“手机”商品上；汽车行驶时轰鸣声指定使用在“陆地运输”服务上。

【案例 177】某公司申请的“声音商标”商标，指定使用在“智能玩

具；棋；运动用球；锻炼身体器械；射箭用器具；体育活动器械；运动绳（跳绳、拔河绳）；运动用护臂；护膝（体育用品）；钓鱼用具”商品上。

经查，该商标为声音商标，设计说明为：“该商标为声音商标。使用方式：将商标用于商品、广告宣传、展览或其他商业活动；音像、电子媒体、网络等。”由于该商标旋律仅为投篮时篮球碰到篮网时发出的声响，且该申请人所指定的商品含有“运动用球”，为使用商品时难以避免出现的声音，故该商标适用以“缺乏显著特征”为由驳回。

（2）行业内通用或者常用声音或者音乐

例如：《喜洋洋》的主题旋律指定使用在“组织颁奖活动”服务上。

（3）过于简单或过于复杂的声音

例如：普通、简单的音调或旋律；一整首冗长且无显著特征的歌曲。

【案例 178】某公司申请的“声音旋律”商标（如图 9-1 所示），指定使用在“计算机软件（已录制）；可下载的手机应用软件；交互式触屏终端；个人数字助理（PDA）；智能卡（集成电路卡）；扬声器音箱；照相机（摄影）；具有人工智能的人形机器人；电子芯片；传感器；视频显示屏；遥控装置；电子防盗装置；人脸识别设备；3D 眼镜；电子记事器；无线电通话终端；动画片”商品上。

该声音商标是由“A”大调音符组成多声部旋律，全长4秒。共有旋律音9个，分别为八分音符A1、八分音符升C3、八分音符E3、四分音符B3、四分附点音符A3以及全音符A和弦A1、E3、A3、升C4组成。由原声木吉他与尼龙弦竖琴齐奏完成。

图 9-1 “声音旋律”商标

经查，该商标为声音商标，设计说明为："商标为声音商标，商标使用方式为产品运行开启音乐。"由于该商标旋律过于简单，且未经过长期使用取得消费者的广泛熟知，故该商标适用以"缺乏显著特征"为由驳回。

（4）以平常语调或简单旋律直接唱呼的文字短语

例如：以简单的旋律唱出"祝你生日快乐"；以平常语调唱呼"客官，里面请"；以平常语调呼叫"一旦拥有，别无所求"。

【案例 179】某公司申请的"声音商标"，指定使用在"人用药；阿胶（中药材）；医用营养食物；医用营养饮料；膳食纤维；消灭有害动物制剂；补药；医用胶原蛋白；药浸枣；婴儿配方奶粉"商品上。

经查，该商标为声音商标，设计说明为："该声音商标全长 6 秒，共 8 小节。采用驴子的叫声作音效展示，打破了传统的展示方式。驴子那富含血性的叫声，具有强劲的听觉冲击力，同时又有一种贴近自然的感觉，力求给大家留下深刻的记忆。"虽申请人陈述该标志具有较强的辨识度，但在审查审理过程中认为，由于该商标旋律过于简单，仅为驴子简单的叫声，且指定使用在"阿胶（中药材）；医用营养食物"等相关商品上，故该商标适用以"缺乏显著特征"为由驳回。

3.声音商标经长期或广泛使用取得显著特征的认定

声音商标经使用取得显著特征的认定同样适用传统商标经使用取得显著特征的一般规则。同时具体某个声音商标是否经过使用取得显著特征还要根据实际情况分析判断，例如文字呼叫类声音商标，如果是以平常语调或极其简单的旋律呼叫文字的构成形式，在使用过程中，很可能令人印象深刻起到识别作用的为文字，声音仅被视为文字辅助背景，真正起识别作用的可能是呼叫的文字，并不是声音本身。虽然此类声音商标可能被证明经长期或广泛使用已被相关公众熟知，但声音本身或许并不能被作为用来识别和区分商品或者服务来源的商标。另外声音为申请人所独创或最早使用并不能当然认为其具有作为声音商标的显著特征。

【案例 180】中央广播电视总台申请的“中国国际广播电台”声音商标(如图 9-2 所示),指定使用在“无线电广播;电视播放;新闻社;通讯社;有线电视播放;无线广播;信息传送;语音邮件服务;电信信息;提供与全球计算机网络的电讯连接服务”服务上。

经查,该商标为声音商标,设计说明为:“广播电台开始时播放使用。”由于该声音商标申请人中央广播电视总台在“无线电广播”等服务项目上对所申请的声音经过长期广泛使用,已经被相关公众所熟知,因此该声音商标于 2016 年 5 月获准注册。

该声音商标是中国国际广播电台广播节目的开始曲,全长40秒,共18小节,四分之二拍慢板节奏,G大调和C大调交替转换。前四小节为整段声音商标前奏部分,曲调为G大调;中间11小节为整段声音商标主题部分,曲调为C大调,其中第十二、十三小节播音员报出“中国国际广播电台”的呼号后音乐延续两小节,主题部分结束;最后三小节钢琴再次奏响主题音乐,转调回G大调,该声音商标结束。

图 9-2 “中国国际广播电台”声音商标

第十章　集体商标、证明商标的案例

一、法律依据

《商标法》

第三条　经商标局核准注册的商标为注册商标，包括商品商标、服务商标和集体商标、证明商标；商标注册人享有商标专用权，受法律保护。

本法所称集体商标，是指以团体、协会或者其他组织名义注册，供该组织成员在商事活动中使用，以表明使用者在该组织中的成员资格的标志。

本法所称证明商标，是指由对某种商品或者服务具有监督能力的组织所控制，而由该组织以外的单位或者个人使用于其商品或者服务，用以证明该商品或者服务的原产地、原料、制造方法、质量或者其他特定品质的标志。

集体商标、证明商标注册和管理的特殊事项，由国务院工商行政管理部门规定。

第八条　任何能够将自然人、法人或者其他组织的商品与他人的商品区别开的标志，包括文字、图形、字母、数字、三维标志、颜色组合和声音等，以及上述要素的组合，均可以作为商标申请注册。

第十条第二款　县级以上行政区划的地名或者公众知晓的外国地名，不得作为商标。但是，地名具有其他含义或者作为集体商标、证明商标组成部分的除外；已经注册的使用地名的商标继续有效。

第十一条　下列标志不得作为商标注册：

（一）仅有本商品的通用名称、图形、型号的；

（二）仅直接表示商品的质量、主要原料、功能、用途、重量、数量及其他特点的；

（三）其他缺乏显著特征的。

前款所列标志经过使用取得显著特征，并便于识别的，可以作为商标注册。

《商标法实施条例》

第十三条第六款　申请注册集体商标、证明商标的，应当在申请书中予以声明，并提交主体资格证明文件和使用管理规则。

《集体商标、证明商标注册和管理办法》（国家工商行政管理总局令第 6 号，自 2003 年 6 月 1 日起施行）

二、法律释义

集体商标的作用在于表明使用该商标的成员之间存在某种联系，共同作为某个集体组织的成员。

证明商标的作用在于表明商品或服务的原产地、原料、制造方法、质量或其他特定品质。

“集体商标、证明商标注册和管理的特殊事项，由国务院工商行政管理部门规定。”这项规定意味着一方面《商标法》中关于商标的基本规定对集体商标和证明商标是适用的，另一方面集体商标和证明商标又具有不同于普通商标的特殊属性。

集体商标、证明商标可以由《商标法》第八条规定的标志构成。集体商标、证明商标不得违反《商标法》第十条第一款、第十一条、第三十条和第三十一条的规定，其审查审理同时适用本书其他章节的基本规定。

本章规定了集体商标、证明商标标志的审查和其申请人主体资格、使用管理规则等特有事项的审查。

三、案例分析

（一）集体商标和证明商标标志的审查

集体商标、证明商标作为商标的一种类型，应当依据《商标法》的有关基本规定进行审查，即该商标是否属于《商标法》规定的禁用之列，是否具有显著特征、便于识别，是否与在先权利冲突。

但集体商标、证明商标与普通商标在功能作用、使用条件、注册人和使用人权利、义务等方面均有不同，因此，在审查时应当坚持标准执行的一致性与个案审查原则。如《商标法》第十条第二款规定："县级以上行政区划的地名或者公众知晓的外国地名，不得作为商标。但是……作为集体商标、证明商标组成部分的除外。"

1.集体商标和证明商标禁用条款的审查

【案例 181】某协会申请的英文"Patriotic"和图形组合的集体商标（如图 10-1 所示），指定使用在"衬衫；服装"等商品上。

经查，该商标图形中的镰刀锤头与中国共产党党旗近似，用作商标容易产生不良影响，违反了《商标法》第十条第一款第八项的规定，故予以驳回。

图 10-1 英文“Patriotic”和图形组合的集体商标

【案例 182】某单位申请的“山东放心农产品　齐鲁灵秀地　品牌农产品 SHANDONG AGRICULTURE PRODUCTS RELIABLE”证明商标（如图 10-2 所示），指定使用在“新鲜水果；新鲜蔬菜”等商品上。

图 10-2 “山东放心农产品　齐鲁灵秀地　品牌农产品 SHANDONG AGRICULTURE PRODUCTS RELIABLE”证明商标

经查，该商标中含有“放心农产品”“RELIABLE”（译为“可靠的、可信赖的”）文字，使用在指定商品上，容易使消费者对产品的品质产生误认，违反了《商标法》第十条第一款第七项的规定，故予以驳回。

2.集体商标和证明商标显著特征的审查

显著性是商标发挥识别不同商品或者服务功能的基础，也是商标获得注册的重要要件。集体商标、证明商标作为商标的一种类型，应当具有显著特征，便于识别，其注册不得违反《商标法》第十一条的规定。

判断集体商标、证明商标是否具有显著特征，不仅要考虑商标标志本身的含义、呼叫和外观构成，还要结合商标指定的商品或者服务类别、相关公众的认知习惯、所属行业的实际使用情况等，进行个案判断。

【案例183】某协会申请的“烹饪大师”证明商标（如图10-3所示），指定使用在“饭店；餐厅；餐馆；自助餐馆；咖啡馆；酒吧服务；茶馆；流动饮食供应；备办宴席；住所代理（旅馆、供膳寄宿处）”服务项目上。

烹饪大师

图10-3 “烹饪大师”证明商标

经查，该商标中文字“烹饪大师”是对技术达到较高水准的餐饮从业人员的称呼，使用在第43类“饭店”等服务上仅直接表示了服务的内容等特点，违反了《商标法》第十一条第一款第二项的规定，故予以驳回。

3.集体商标和证明商标相同、近似的审查

集体商标和证明商标注册不得违反《商标法》第三十条和第三十一条的规定，即使是同一申请人，也不能在相同或类似商品或者服务上注册两种不同类型的相同或者近似商标。

因为集体商标、证明商标与普通商标、地理标志集体商标、地理标志证明商标虽然同属商标的类型，但在功能作用、使用方式、商品或者服务使用条件、注册人和使用人的权利、义务等方面均有所不同，在相同、类似商品或者服务上同时注册两种不同类型的商标，仍会引起公众对商品或者服务的来源及其品质等方面产生误认，应予以驳回。

【案例184】某协会申请的“嶂山”集体商标（如图10-4所示），指定使用在“水蜜桃；桃；鲜葡萄；鲜水果；新鲜草莓；新鲜栗子”商品上。

嶂山

ZHANGSHAN

图 10-4 “嶂山”集体商标

经查，该协会已经在第 31 类“鲜水果”等商品上申请注册了“嶂山”普通商标（如图 10-5 所示）。该协会申请的“嶂山”集体商标指定使用的“水蜜桃”商品与“嶂山”普通商标指定使用的“鲜水果”商品属于相同类别的类似商品，“嶂山”集体商标与“嶂山”普通商标在文字构成、称呼等方面构成了近似商标，为避免公众对商品的来源及其品质等方面产生误认，引证该协会在先注册的“嶂山”普通商标，驳回其后在相同类别、类似商品上申请的“嶂山”集体商标。

嶂山

图 10-5 “嶂山”普通商标

4.含无其他含义的县级以上行政区划地名的集体商标和证明商标的审查

《商标法》第十条第二款规定，县级以上行政区划的地名原则上不得作为商标使用，但鉴于集体商标和证明商标自身的性质，该款同时规定，地名作为集体商标、证明商标组成部分的除外。由于地名一般只能说明商品的来源地，而不能识别商品的生产经营者或服务的提供者，缺乏商标应有的区分来源的功能，故应当综合考量标志整体显著特征、知名度等因素，对含无其他含义的县级以上行政区划地名的集体商标和证明商标是否可以注册进行判定。

为避免公众对商品或者服务的来源地产生误认，住所、经营地不在相应地域的生产者、经营者，不得申请含相应地域名称的集体商标、证明商标。

申请商标由无其他含义的县级以上行政区划地名和商品或者服务通用名称组成，但同时满足以下条件的，则符合《商标法》第十条第二款的规定：

（1）申请人经商标所含地名人民政府或其上一级人民政府授权；

（2）申请商标经过长期使用已取得显著性；

（3）申请商标在相关行业中具有较高知名度或在相关消费群体中广为知晓；

（4）申请指定商品或者服务属国家政策明确支持的产业；

（5）指定商品或者服务与商标所含商品或者服务通用名称一致或密切相关；

（6）指定商品或者服务的特定品质并非由当地的自然因素和人文因素所决定，但其声誉与商标所含地名有密切关联，不会误认为地理标志的。

【案例 185】沙县小吃同业公会申请的“沙县小吃”集体商标（如图 10-6 所示），指定使用在“饭店；餐馆”服务项目上。

图 10-6　“沙县小吃”集体商标

经查，沙县小吃历史源远流长，其制作工艺渊源传自古中原一带民俗，距今有 1000 多年历史。“沙县小吃”也是沙县的主要产业之一，沙县县委、县政府为了促进沙县小吃业的发展，早在 1998 年 3 月就成立了沙县小吃业发展领导小组，下设办公室，同年成立了沙县小吃同业公会。沙县政府为了宣传、推广、保护沙县小吃，投入大量人力、物力、财力，经过多年的使用已取得显著性，并在全国享有较高的知名度。故该商标注册申请同时满足了上述条件，可准予注册。

（二）集体商标和证明商标特有事项的审查

根据《商标法实施条例》《集体商标、证明商标注册和管理办法》规定，申请人申请集体商标注册的，应当提交主体资格证明文件、集体商标使用管理规则、集体成员名称和地址；申请人申请证明商标注册的，应当提交主体资格证明文件、证明商标使用管理规则、申请人监督检测能力证明材料。

集体商标和证明商标作为商标的一种特殊类型，除对其标志进行审查外，还应当对其申请人主体资格、使用管理规则、指定商品或者服务的品质标准、检验检测能力等特有事项进行审查。

1.集体商标特有事项的审查

集体商标的基本功能在于赋予作为其成员的生产经营者的商品或者服务以某种共性，表明生产经营者是某个集体组织的成员，从而与那些不属于该集体组织成员的生产经营者区别开来。因此，集体商标彰显的是共性特征，其申请注册主体应当是集体组织。

《集体商标、证明商标注册和管理办法》第十条规定，集体商标使用管理规则应当包括以下主要内容：使用该集体商标的宗旨；集体商标指定使用的商品或者服务的品质；使用该集体商标的手续；使用该集体商标的权利、义务；成员违反使用管理规则应当承担的责任；注册人对使用该集体商标商品的检验监督制度。

集体商标所指定商品或者服务的品质应当有现行有效、具体明确，且与所指定的商品或者服务相关的标准。该标准可以是国家标准、行业标准、地方标准或团体标准，也可以是申请人自行设定的标准或规范(该标准不能低于国家标准)。

2.证明商标特有事项的审查

证明商标的基本功能在于证明商品或者服务的原产地、原料、制造方法、质量或者其他特定品质。因此,证明商标的注册申请主体应当是依法成立,且对所申请的商品或者服务的特定品质具有监督能力的组织。

《集体商标、证明商标注册和管理办法》第十一条规定,证明商标使用管理规则应当包括以下主要内容:使用该证明商标的宗旨;该证明商标证明的商品或者服务的特定品质;使用该证明商标的条件;使用该证明商标的手续;使用该证明商标的权利、义务;使用人违反使用管理规则应当承担的责任;注册人对使用该证明商标商品的检验监督制度。

申请人在使用管理规则中应当详细描述该证明商标证明的商品或者服务的原料、制造方法、质量或者其他特定品质的具体标准,既便于注册后对使用该证明商标商品或者服务的品质进行监督管理,便于该证明商标使用人进行商品生产经营或服务提供时有据可依,也有利于消费者通过管理规则知晓使用该证明商标的商品或者服务不同于同类商品或者服务的特殊优异之处,便于选购。使用证明商标的商品或者服务的品质应当高于国家标准。

申请人在申请注册证明商标时,应当详细说明其所具有的或者其委托的机构具有的专业技术人员、专业检测设备等情况,以表明其具有监督该证明商标所证明的特定商品品质的能力。证明商标申请人自身不具备检测能力而委托他人检测的,提交委托检测协议、受托单位检测资质证书、检测人员名单和检测设备清单,从而间接认定申请人具有监督该证明商标所证明的特定商品品质的能力。

【案例 186】某协会申请的图形证明商标(如图 10-7 所示),指定使用在“住所(饭店、供膳寄宿处)”服务项目上。

图 10-7 “图形”证明商标

根据该证明商标使用管理规则，使用该图形证明商标必须符合如下要求：“设施上，有与饭店规模相适应的总服务台，位置合理，提供饭店服务项目资料、客房价目等信息；应有就餐区域，提供桌、椅等配套设施，照明充足，通风良好；客房装修良好、美观，应有软垫床、梳妆台或写字台、衣橱及衣架、座椅或简易沙发、床头柜及行李架等配套家具……服务上，应有管理及安保人员 24 小时在岗值班；24 小时提供接待、问询、结账和留言服务；提供总账单结账服务、信用卡结算服务；客房内应 24 小时提供热饮用水，免费提供茶叶或咖啡；提供早、中、晚餐服务。……”

该证明商标注册申请人依法依规提交了主体资格证明文件、证明商标使用管理规则、申请人监督检测能力证明材料，说明了其服务品质标准高于国家标准，证明了其具备监督检测该服务品质的能力，故该证明商标符合证明商标特有事项的要求，可准予注册。

第十一章　地理标志的案例

一、法律依据

《商标法》

第十六条　商标中有商品的地理标志，而该商品并非来源于该标志所标示的地区，误导公众的，不予注册并禁止使用；但是，已经善意取得注册的继续有效。

前款所称地理标志，是指标示某商品来源于某地区，该商品的特定质量、信誉或者其他特征，主要由该地区的自然因素或者人文因素所决定的标志。

《商标法实施条例》

第四条第一款　商标法第十六条规定的地理标志，可以依照商标法和本条例的规定，作为证明商标或者集体商标申请注册。

《集体商标、证明商标注册和管理办法》(国家工商行政管理总局令第 6 号，自 2003 年 6 月 1 日起施行)

二、法律释义

作为集体商标申请注册的地理标志(以下简称"地理标志集体商标")和作为证明商标申请注册的地理标志(以下简称"地理标志证明商标")可以由《集体商标、证明商标注册和管理办法》第八条规定的标志构成。地理标志集体商标、地理标志证明商标的申请人主体资格、使用管理规则等还应符合《商标法实施条例》《集体商标、证明商标注册和管理办法》规定的特殊条件。

地理标志集体商标和地理标志证明商标应当依据《商标法》的有关基本规定进行审查。即该商标是否属于《商标法》规定的禁用之列,是否具有显著特征、便于识别,是否与在先权利冲突。因此,地理标志集体商标和地理标志证明商标的审查原则上不得违反《商标法》第十条、第十一条、第三十条和第三十一条等的规定。

但地理标志所标示的商品的特定质量、信誉或者其他特征是在漫长的历史中逐渐形成的,是大自然的馈赠和广大劳动人民勤劳智慧的结晶,与普通商标在表现形式、功能、作用等方面有明显区别,因此,地理标志集体商标和地理标志证明商标标志的审查亦应有其特殊性。

三、案例分析

(一)地理标志集体商标和地理标志证明商标禁用条款的审查

1.地理标志集体商标和地理标志证明商标的注册不得违反《商标法》第十条第一款的规定

在判断地理标志集体商标和地理标志证明商标是否违反禁用条款时,应结合地理标志名称的由来、地理标志产品的特定品质及其与生产地域自然环境之间的联系、公众对该地理标志的认知等,进行个案判断,不能机械地照搬条款。对于确实是在漫长历史中客观形成的,其标示产品的特定品质与生产地域的自然环境之间已具有密切联系,不会引起公众误认或不良影响的,则作为例外情形,不判定为违反禁用条款的规定。

(1)地理标志集体商标和地理标志证明商标中含有宗教词汇,但该词汇与宗教关联的含义已经泛化,或者在特定语境下指向明确、具有其他含义,不会使公众将其与特定宗教相联系的

【案例 187】某协会申请的"华安铁观音"地理标志证明商标(如图11-1 所示),指定使用在"茶"商品上。

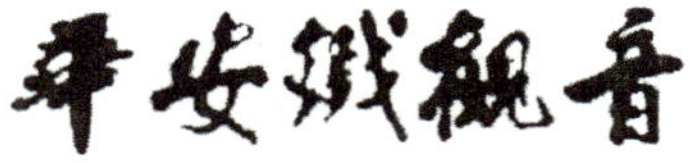

图 11-1 "华安铁观音"地理标志证明商标

经查,"观音"一般指观世音,是佛教中慈悲和智慧的象征,是宗教词汇,而"铁观音"是一种茶叶的通用名称,因其茶叶形似观音脸、重如铁,被乾隆皇帝赐名为"铁观音"。该地理标志证明商标中虽含有宗教词汇,但该词汇指定使用在指定商品"茶"上已经具备了指向明确的其他含义,不会使公众将其与宗教相联系,故该标志不违反《商标法》第十条第一款的规定。

(2)含有地理标志易误导公众的商标的审查

商标中有商品的地理标志,而该商品并非来源于该标志所标示的地区,误导公众的,适用《商标法》第十六条第一款不予注册并禁止使用。

【案例 188】某自然人申请的"杜泉碣滩"商标(如图 11-2 所示),指定使用在第 30 类"茶"等相关商品上。

图 11-2 “杜泉碣滩”商标

经查，“碣滩茶”是我国茶商品上的地理标志，代表了来源于湖南省怀化市沅陵县特定产区茶产品的特有品质。该商标文字“杜泉碣滩”含有“碣滩”二字，而申请人并非来自地理标志所标示的产区，故其将该商标申请注册在茶商品上，易误导公众，构成《商标法》第十六条第一款所指之情形，应不予注册并禁止使用。

2.地理标志集体商标和地理标志证明商标显著特征的审查

地理标志集体商标和地理标志证明商标作为商标的一种类型，亦不得违反《商标法》第十一条的基本规定。

但是，地理标志强调的是商品的特定品质与生产地域之间的密切联系，是作为一种标示某商品来源于某地区，该商品的特定质量、信誉或者其他特征，主要由该地区的自然因素或者人文因素所决定的标志，其名称是在历史发展中约定俗成的，表现形式一般由“地名＋商品通用名称”构成，整体上属于经过长期使用具有商标显著性的情形，不判定为缺乏显著特征。

与普通商标不同，在对地理标志集体商标和地理标志证明商标显著特征进行审查时，应同时结合《商标法》第十六条第二款等相关规定进行综合判断。对于符合《商标法》第十一条关于商标显著性的基本规定，但不符合第十六条第二款关于地理标志定义要求的，应予以驳回。

【案例 189】某协会申请的“三亚芒果爱上三亚的另一个理由”地理标志集体商标（如图 11-3 所示），指定使用在第 31 类“芒果”相关商品上。

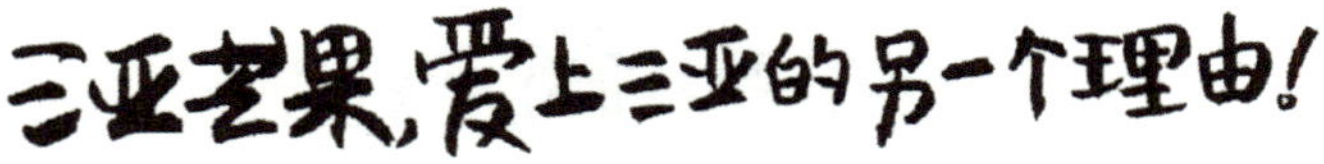

图 11-3 “三亚芒果爱上三亚的另一个理由”地理标志集体商标

经查，“三亚芒果”是我国芒果商品上的地理标志，该地理标志权利人即为该协会，但鉴于该商标中还包含了“爱上三亚的另一个理由”，不符合地理标志的定义要求，违反《商标法》第十六条的规定，应予以驳回。

3.地理标志集体商标和地理标志证明商标相同、近似的审查

地理标志集体商标和地理标志证明商标作为商标的一种类型，同样应进行商标近似性比对审查，遵循《商标法》第三十条、第三十一条的规定。

但鉴于地理标志是其产地从事相关生产经营活动的市场主体共有的权利，其与普通商标在功能、用途、产品特定品质、历史渊源等方面区别明显，在地理标志集体商标和地理标志证明商标相同、近似比对审查中，应当进行个案判断，不能机械地照搬条款。

如果地理标志集体商标、地理标志证明商标申请在后，普通商标申请在前，应当结合地理标志集体商标、地理标志证明商标的知名度、显著性、相关公众的认知等因素，不易构成相关公众混淆误认的，不判定为近似商标。

如果地理标志集体商标、地理标志证明商标申请在前，普通商标申请在后，容易导致相关公众对商品或者服务来源产生混淆误认，不当攀附地理标志集体商标或者地理标志证明商标知名度的，认定二者构成近似商标。

(1)汉字逆序形式

地理标志集体商标、地理标志证明商标中非通用名称的文字与在先商标的文字构成相同，但排列顺序不同，应当结合地理标志集体商标

标、地理标志证明商标的知名度和显著性、相关公众的认知等因素综合判断，不易构成相关公众混淆误认的，不判定为近似商标。

【案例 190】某协会申请的“岚山绿茶”地理标志证明商标（如图 11-4 所示），指定使用在“茶”商品上。

经查，某公司在先申请的“山岚”（如图 11-5 所示）普通商标在第 30 类“茶；茶叶代用品”商品上已注册。虽然该地理标志证明商标中非通用名称的文字“岚山”与在先商标的文字“山岚”构成相同，但排列顺序不同，结合地理标志证明商标的知名度和显著性、相关公众的认知等因素综合判断，不易使相关公众混淆误认，故不判定为近似商标。

图 11-4 “岚山绿茶”地理标志证明商标

山 岚

图 11-5 “山岚”商标

（2）大小地名套用

地理标志集体商标、地理标志证明商标名称由具有包含关系的两级地名即“大地名＋小地名＋商品通用名称”构成，如果小地名隶属于大地名，且在先小地名商标权利人来自大地名所标示地区，易造成误认，在类似商品上两者应判定近似。

【案例 191】某协会申请的“巨鹿哈口西瓜”地理标志证明商标（如图 11-6 所示），指定使用在第 31 类“西瓜”商品上。

图 11-6 “巨鹿哈口西瓜”地理标志证明商标

经查，巨鹿县哈口某合作社在先申请的“哈口”普通商标在第 31 类“西瓜”等商品上已注册（如图 11-7 所示）。“哈口”是河北省邢台市巨鹿县下辖的村名，该村某果蔬专业合作社在先注册了“哈口”普通商标，为避免公众产生误认，在后申请的“巨鹿哈口西瓜”地理标志证明商标应引证在先“哈口”予以驳回。

图 11-7 “哈口”商标

（二）地理标志集体商标和地理标志证明商标特有事项的审查

根据《商标法实施条例》第四条和《集体商标、证明商标注册和管理办法》的有关规定，地理标志集体商标和地理标志证明商标的注册申请需要提供主体资格证明、地理标志所标示地区人民政府或行业主管部门的批准文件、申请人的检测能力证明材料等，因此，在对地理标志集体商标和地理标志证明商标进行审查时，除对其标志进行审查外，还应当对其申请人主体资格、使用管理规则、检验检测能力等特有事项进行审查。

1.指定商品的审查

地理标志集体商标和地理标志证明商标指定使用的商品的审查以《类似商品和服务区分表》为基本依据，但地理标志强调的是商品的特定品质及其与生产地域自然因素、人文因素之间的关联性，因此，地理标志所标示的商品通常为农产品、食品、葡萄酒、烈性酒，还包括部分传统手工艺品等其他产品。单一的仅由自然因素或者仅由人文因素决定特定品质的，不能作为地理标志集体商标和地理标志证明商标指定使用的商品。

地理标志集体商标和地理标志证明商标指定使用的商品应明确、具体，且应与地理标志名称密切关联。地理标志集体商标和地理标志证明商标的指定商品多为单一商品，特殊情况下可能指向《类似商品和服务区分表》中的多个商品或类别。例如："宜昌勺上羊"指定商品包括第29类"羊肉；羊（非活）"和第31类"羊（活的）"。

地理标志集体商标和地理标志证明商标指定商品与在先商标指定商品间的相同类似关系判定，以《类似商品和服务区分表》作为基本依据。但地理标志集体商标和地理标志证明商标与在先商标相同、近似的判定，仅以其指定商品相同或包含关系为基础。

例如，"西瓜"与"苹果"同属3105类似群组，如果地理标志集体商标和地理标志证明商标指定商品为"西瓜"，在先商标指定商品为"苹果"，则该地理标志集体商标和地理标志证明商标与该在先商标不判定为相同、近似；如果在先商标指定商品为"新鲜水果"，由于"西瓜"包含在"新鲜水果"商品项目中，则该地理标志集体商标和地理标志证明商标与该在先商标判定为相同、近似。

2.申请人主体资格的审查

地理标志是其产地从事相关生产经营活动的市场主体共有的权利，因此，地理标志集体商标和地理标志证明商标申请人应当是经该地理标志所标示地区县级以上人民政府或行业主管部门同意、对该地理标志产品特定品质具备监督检测能力、不以营利为目的的团体、协会或者其他组织，一般为社会团体法人、事业单位法人，且其业务范围与所监督使用的地理标志产品相关。

公司和农民专业合作社等因是营利性主体，不能作为地理标志集体商标和地理标志证明商标注册人。

3.地理标志所标示地区县级以上人民政府或者行业主管部门批准文件的审查

地理标志集体商标和地理标志证明商标注册申请人应当提交该地理标志所标示地区县级以上人民政府或行业主管部门同意其申请注册并监督管理该地理标志的批准文件。

地理标志所标示的地域范围为一个县、市范围内的，由该县、市人民政府或者行业主管部门出具批准文件；地域范围为两个以上县、市范围的，由其共同上一级人民政府或者行业主管部门出具批准文件。

4.申请人监督检测证明能力的审查

申请人自身具备监督检测能力的，提交其检测资质证明、检测设备清单和检测人员名单，即认定其具有监督检测该地理标志产品特定品质的能力。

申请人自身不具备监督检测能力而委托他人检测的，提交明确的对地理标志产品特定品质检测的委托合同、受委托检测方的检测资质证书、检测设备清单和检测人员名单，即认定申请人具有监督检测该地理标志产品特定品质的能力。

5.地理标志所标示的生产地域范围的审查

地理标志所标示地区的生产地域范围可以是县志、农业志、产品志、年鉴、教科书中所表述的地域范围，也可以由地理标志所标示地区的人民政府或行业主管部门出具的地域范围证明文件确定。

地理标志所标示的地域范围为一个县、市内的，由该县、市人民政府或行业主管部门出具证明文件；地域范围为两个以上县、市范围的，由其共同上一级人民政府或行业主管部门出具证明文件。跨省的由中央人民政府相关行业主管部门或相应省人民政府协商解决。

该地域范围可以与所在地区的现行行政区划名称、范围不一致。

生产地域范围可以以下方式之一或其组合界定：

(1)行政区划；

(2)经纬度的方式；

(3)自然环境中的山、河等地理特征为界限的方式；

(4)地图标示的方式；

(5)其他能够明确确定生产地域范围的方式。

但表述应当清晰、明确、具体。如“主要分布”“主要包括”等含糊表述则不符合要求。通过多种方式表述的其产品地域范围应相互一致，不能互相冲突。

6.地理标志产品特定质量、信誉或其他特征与该地域自然因素、人文因素关系说明的审查

地理标志集体商标和地理标志证明商标指定商品的特定质量、信誉或者其他特征应主要由该地理标志所标示的地区的自然因素或者人文因素所决定。根据生产地域的自然因素、人文因素在地理标志产品特定品质形成过程中的决定作用大小，可分为以下三种情形：

(1)主要由当地的自然条件决定的

【案例 192】吐鲁番市葡萄产业协会申请的“吐鲁番葡萄”地理标志证明商标(如图 11-8 所示)，指定使用在“鲜葡萄”商品上。

图 11-8 “吐鲁番葡萄”地理标志证明商标

吐鲁番盆地种植葡萄已经有 2000 年的历史，该地区高温、干燥，降水极少，高热量、高温差、高光照，独特的水土、光热等自然条件决定了“吐鲁番葡萄”具有皮薄、肉脆、高糖低酸、高出干率等独特的品质，现已核准注册。

(2)自然因素和人文因素均起主要决定作用的

【案例 193】绍兴市黄酒行业协会申请的“绍兴黄酒”地理标志证明商标（如图 11-9 所示），指定使用在“黄酒”商品上。

绍兴黄酒

图 11-9 “绍兴黄酒”地理标志证明商标

绍兴黄酒的特定品质是由鉴湖水及独特的生产工艺所决定的。产地内四季分明，雨水充沛，适宜酿酒所需的微生物生长。鉴湖水系水质清澄，富含微量元素和矿物质。绍兴黄酒采用精白糯米为原料，配以鉴湖水酿制，形成色泽橙黄、清亮透明，味醇厚、柔和鲜爽的品质，现已核准注册。

(3)主要由人文因素决定的

【案例 194】景德镇陶瓷协会申请的“景德镇”地理标志证明商标（如图 11-10 所示），指定使用在“瓷器”等商品上。

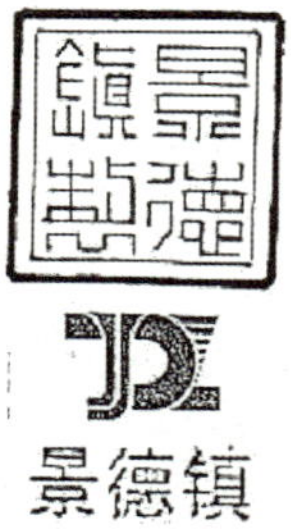

图 11-10 “景德镇”地理标志证明商标

景德镇瓷器以当地出产的“高岭土＋瓷石”独特的二元配方为主，用铁、铜、钴等氧化物，配制成不同色料，施于泥坯或瓷胎之表面，经高温或低温焙烧成景德镇瓷器，使景德镇瓷器具有色彩缤纷、晶莹悦目、风格独特、白如玉、明如镜、薄如纸、声如磬的特点，现已核准注册。

(4)仅由自然因素或者仅由人文因素决定的产品,不符合地理标志概念

【案例 195】某协会申请的“泗水砭石”地理标志证明商标(如图11-11所示),指定使用在“宝石”商品上。

申请人提供的材料仅能证明该标志所指定商品的品质与该标志所标示的地区的自然因素有密切联系,但未能证明其特定品质的形成与产地的人文因素存在必然关系,没有声誉,不符合地理标志商标注册的条件,违反《商标法》第十六条的规定,应予以驳回。

图 11-11 “泗水砭石”地理标志证明商标

【案例 196】某协会申请的“南汇甜瓜”地理标志证明商标(如图11-12所示),指定使用在“新鲜甜瓜”商品上。

南汇甜瓜

图 11-12 “南汇甜瓜”地理标志证明商标

申请人提交的《南汇农业志》《南汇县续志(1986—2001)》《南汇甜瓜生产技术操作规程》等材料表明,“南汇甜瓜”采用大棚种植方式,人工控制生长环境,这种模式下的生长环境可在任意地区复制,其特定品质的形成与产地的自然环境因素无必然联系,不符合地理标志概念,违反《商标法》第十六条的规定,应予以驳回。

7.地理标志客观存在及其声誉证明材料的审查

地理标志客观存在及声誉情况的证明材料是地理标志确权的重要依据，以下证据材料为判定地理标志是否客观存在的主要依据：

（1）县志、农业志、产品志、年鉴、教科书；

（2）上述之外的公开出版的书籍、国家级专业期刊、古籍等材料；

（3）其他可以证明该地理标志产品客观存在及声誉情况的材料。

地理标志客观存在及其声誉证明材料可以是原件，也可以是加盖出具单位公章的封面、版权页、内容页的复印件。

上述证明材料应对该地理标志的名称及其声誉等有清晰明确的记载。

8.使用管理规则的审查

地理标志集体商标和地理标志证明商标使用管理规则的审查除适用第十章相关要求外，还应对其指定商品的特定质量、信誉或者其他特征及生产地域范围等进行审查。

（1）指定商品特定品质的审查

地理标志商品特定品质包括该商品的感官特征、理化指标或其特殊的制作方法。

感官特征包括形状、尺寸、颜色、纹理等视觉特征和嗅觉、味觉感知等。理化指标包括所属族、种等生物特征，重量、密度、酸碱度等物理特征，水分、蛋白质、脂肪、微量元素含量等化学特征。制作方法包括对加工技术的描述以及最终产品的质量标准，如动物产品的饲养过程、屠宰方法等，植物产品的种植过程、收获实践、储存方式等，传统手工艺品的原材料、配料和制作过程等。

【案例 197】某协会申请的“章丘大葱”地理标志证明商标（如图 11-13 所示），指定使用在第 31 类“大葱”商品上。

图 11-13 “章丘大葱”地理标志证明商标

申请人对该商品的感官特征、理化指标进行了详细阐述。章丘大葱具有四大特点:高、长、脆、甜。株高一般在 1.5 米,高的可达 1.8~2 米,葱白长 0.6 米,长的可达 0.8 米以上,径粗 3~5 厘米,单株重 0.5 千克左右,葱叶色鲜绿,葱白色泽洁白,平滑光润,落地即断,具有汁多丝少、质地脆嫩、嚼之无丝的品质特点。

地理标志集体商标和地理标志证明商标指定商品特定品质不明确、不客观,或者该商品的特定质量、信誉或其他特征不由当地的自然因素和人文因素决定的,适用《商标法》第十六条第二款规定予以驳回。

【案例 198】某协会申请的“昌吉火烧”地理标志集体商标(如图 11-14所示),指定使用在第 30 类“火烧”商品上。

昌吉火烧

CHANG JI HUO SHAO

图 11-14 “昌吉火烧”地理标志集体商标

申请人提交的相关材料表明,“昌吉火烧”是新疆一种手工制作的面点,以精面粉、精油、蜂蜜为主要原料,生产者会根据各自的习惯,掺入花生、蜜瓜泥、核桃仁、鸡蛋、鲜玫瑰泥、蜜樱等不同辅料。因工艺特殊,选料考究,外酥内软,香甜可口,被誉为回民食品中独具特色的传统营养食品。

由于“昌吉火烧”加工后成品的特定品质不一致，理化指标无法固定，不符合地理标志概念，引用《商标法》第十六条予以驳回。

(2)指定商品的特定质量、信誉或者其他特征与该地理标志所标示地区的自然因素关系的审查

在审查地理标志产品的特定品质与生产地域特定的自然地理环境之间关系时，应重点对两者间的因果关系进行审查。某个具体时间、某个具体环境要素对产品的某一项特定品质产生具体影响的因果关系表述应推理清晰、完整。仅仅罗列产地的气温、光照、降水、土壤、河流等自然条件的，判定为不符合要求。

同时将产地的人文因素一并表述的，应包括种植区域（如山前山后、朝向）、种植时节的选择，特殊的生产建筑（如流入磨坊），当地特有的生产技术等。

(3)生产地域范围的审查

地理标志集体商标、地理标志证明商标使用管理规则中关于地理标志产品生产地域范围的表述参见本章“地理标志所标示的生产地域范围的审查”。

9.外国人或者外国企业申请地理标志集体商标和地理标志证明商标的审查

外国人或者外国企业在中国申请地理标志集体商标和地理标志证明商标注册的，同样应遵循本部分的规定，但根据《集体商标、证明商标注册和管理办法》第六条第二款的规定，外国人或者外国企业申请地理标志集体商标和地理标志证明商标注册的，申请人应当提供该地理标志以其名义在原属国受法律保护的证明。

第十二章　驰名商标的案例

一、法律依据

《商标法》

第十三条　为相关公众所熟知的商标，持有人认为其权利受到侵害时，可以依照本法规定请求驰名商标保护。

就相同或者类似商品申请注册的商标是复制、摹仿或者翻译他人未在中国注册的驰名商标，容易导致混淆的，不予注册并禁止使用。

就不相同或者不相类似商品申请注册的商标是复制、摹仿或者翻译他人已经在中国注册的驰名商标，误导公众，致使该驰名商标注册人的利益可能受到损害的，不予注册并禁止使用。

第十四条　驰名商标应当根据当事人的请求，作为处理涉及商标案件需要认定的事实进行认定。认定驰名商标应当考虑下列因素：

（一）相关公众对该商标的知晓程度；

（二）该商标使用的持续时间；

（三）该商标的任何宣传工作的持续时间、程度和地理范围；

（四）该商标作为驰名商标受保护的记录；

（五）该商标驰名的其他因素。

在商标注册审查、工商行政管理部门查处商标违法案件过程中，当事人依照本法第十三条规定主张权利的，商标局根据审查、处理案件的需要，可以对商标驰名情况作出认定。

在商标争议处理过程中，当事人依照本法第十三条规定主张权利的，商标评审委员会根据处理案件的需要，可以对商标驰名情况作出认定。

在商标民事、行政案件审理过程中，当事人依照本法第十三条规定主张权利的，最高人民法院指定的人民法院根据审理案件的需要，可以对商标驰名情况作出认定。

生产、经营者不得将“驰名商标”字样用于商品、商品包装或者容器上，或者用于广告宣传、展览以及其他商业活动中。

二、法律释义

（一）内涵

驰名商标通常是指那些在市场享有较高声誉、为相关公众所熟知，并且有较强竞争力的商标。

（二）认定原则

驰名商标是对相关公众所熟知的商标提供特殊保护的法律概念，遵循“个案认定、被动保护、按需认定、诚实守信”原则。

1.个案认定原则

一是请求驰名商标保护的当事人只有在具体的商标案例中，依照《商标法》第十三条规定，才可以提起驰名商标认定。二是在需要认定驰名商标的案件中，驰名商标的认定结果只对本案有效。

2.被动保护原则

商标注册部门可以在具体的商标案件中应当事人请求就其商标

是否驰名进行认定,并在事实认定的基础上作出决定或裁决。当事人未主张驰名商标保护的,商标注册部门不予主动认定。

3.按需认定原则

商标注册部门需要根据案件具体情况,论证是否需要在案件中对商标的驰名状态进行认定。如果根据在案证据能够适用《商标法》其他条款对当事人商标予以保护的,或系争议商标的注册使用不会导致混淆或者误导公众,致使当事人利益可能受到损害的,商标注册部门无须对当事人商标是否驰名进行认定。

4.诚实守信原则

当事人请求驰名商标保护应当遵循诚实信用原则,对所述事实及所提交证据材料的真实性、准确性和完整性负责,并书面承诺依法承担不实承诺的法律责任。当事人若在国家企业信用信息公示系统和"信用中国"网站被列入异常经营名录、严重违法失信名单、失信联合惩戒对象名单,以及近三年存在股权冻结、欠税、刑事犯罪等情形的,不再对当事人商标是否驰名进行认定。

(三)认定因素

1.相关公众对该商标的知晓程度

根据《驰名商标认定和保护规定》第三条规定,相关公众包括与使用商标所标示的某类商品或者服务有关的消费者,生产前述商品或者提供服务的其他经营者以及经销渠道中所涉及的销售者和相关人员等。

2.该商标使用的持续时间

根据《驰名商标认定和保护规定》第九条第二项规定,证明该商标使用持续时间的有关材料,包括该商标使用、注册的历史和范围的有关材料。

3.该商标的任何宣传工作的持续时间、程度和地理范围

根据《驰名商标认定和保护规定》第九条第三项规定,证明该商标

的任何宣传工作的持续时间、程度和地理范围的材料，包括近三年广告宣传和促销活动的方式、地域范围、宣传媒体的种类以及广告投放量等材料。

4.该商标作为驰名商标受保护的记录

5.该商标驰名的其他因素

根据《驰名商标认定和保护规定》第九条第五项规定，证明该商标驰名的其他证据材料，包括使用该商标的主要商品在近三年的销售收入、市场占有率、净利润、纳税额、销售区域等材料。

（四）获得的法律保护

获得驰名商标认定后，驰名商标持有人可在相关个案中制止涉案商标注册并禁止使用。对于未注册的驰名商标，他人在相同或类似商品上的注册和使用易导致混淆的，驰名商标持有人可以请求不予注册并禁止使用，对未注册驰名商标提供类似注册商标的保护；对于已注册的驰名商标，他人在不相同或类似商品上的注册和使用误导公众，致使该驰名商标注册人的利益可能受到损害的，驰名商标持有人可以请求不予注册并禁止使用，对已注册驰名商标提供了强于一般注册商标的保护。

三、案例分析

（一）涉及"TOTO"驰名商标被驳回案例

【案例 199】某公司申请的"SOULTOTO"商标（如图 12-1 所示），指定使用在"照明设备和装置；冷却设备和装置；供水设备；抽水马桶；电暖器；烹调用装置和设备；空气调节装置；龙头；水净化装置；气体引燃器"商品上。

SOULTOTO

图 12-1 “SOULTOTO”商标

经查，“SOULTOTO”无特殊含义。因完整包含驰名商标“TOTO”，故引证“TOTO”驰名商标予以驳回。

（二）涉及“金锣”驰名商标被驳回案例

【案例 200】某自然人申请的“全锣”商标（如图 12-2 所示），指定使用在“猪肉食品；肉；肉罐头；火腿；香肠；家禽（非活）；食用菜籽油；以果蔬为主的零食小吃；腌制蔬菜；蛋”商品上。

全锣

图 12-2 “全锣”商标

经查，“全锣”无特殊含义，与“金锣”（如图 12-3 所示）驰名商标字形相近，极易使消费者产生误认，故引证“金锣”驰名商标予以驳回。

金锣

图 12-3 “金锣”